AF317425

PARIS

SADI CARNOT

SADI CARNOT
Président de la République.

Robert Py

SADI CARNOT

SA VIE, SES ŒUVRES, SA POLITIQUE

(1837-1887)

D'APRÈS DES DOCUMENTS OFFICIELS

ET DES NOTES INÉDITES

Ouvrage illustré de 13 dessins, vues et portraits.

PARIS

A. FAYARD, ÉDITEUR

LIBRAIRIE HISTORIQUE ET SCIENTIFIQUE

78, BOULEVARD SAINT-MICHEL, 78

A Monsieur

HIPPOLYTE CARNOT

SÉNATEUR

INTRODUCTION

LES CARNOT

L A terre c'est l'homme, a dit un célèbre géographe, Élisée Reclus. Et l'expérience justifie cet aphorisme.

Sol et ciel en effet font mœurs et gens.

L'homme du Nord est froid comme ses brouillards et blond comme sa bière; celui du Midi, chaud comme son soleil et brun comme ses grappes. L'Auvergnat est abrupt comme ses montagnes; le Breton tenace comme ses granits; le Vendéen farouche comme son Bocage. *Genius loci.*

Le département de la Côte-d'Or qui semble comme à cheval sur la grande ligne de faîte européenne, participe à la fois du Nord et du Midi, du mont et de la plaine : aussi le caractère de sa population reflète-t-il cet éclectisme géographique.

A la fois agriculteur et vigneron, le Bourguignon est en général hospitalier, loyal et généreux; cœur d'or, comme sa Côte. L'histoire du passé le montre plein de courage ; les exemples du présent, comme doué d'un esprit de conduite et d'une prudence qui le font réussir dans toutes ses entreprises. Ami du progrès, de tout ce qui favorise la marche des sciences ou de l'industrie, il adopte volontiers, il provoque même les inventions nouvelles. Enfin son patriotisme est légendaire comme son amour de la liberté.

C'est la Côte-d'Or qui fut le berceau familial des Carnot.

Sans remonter aussi loin que ce philologue bourguignon qui assigne trois mille ans de date à la famille, « car, dit-il, son nom même dérive des anciens idiomes gaulois : *Carn,* en langue celtique, veut dire pierre sacrée, et maints monuments portent encore le nom de Carnot »; sans suivre dans ses fantaisies généalogiques cet autre qui assure que « Carnot est le même nom et de la même époque que Charost, ancien titre des Béthune-Sully », il demeure acquis que les Carnot étaient avant la

Révolution une des plus anciennes maisons roturières du pays, comme aussi une des plus respectées.

M. Hippolyte Carnot, qui a écrit sur sa famille un livre de *Mémoires* publié en 1860-64, est le premier à sourire de ce zèle. Parlant d'un de ses oncles qui prétendait faire remonter leur famille à l'établissement même des Bourguignons, il lui concède un Carnot, abbé de Chaloché, un autre Carnot, docteur ès-lois en 1573, et même un Jean Carnot, commandant du château-fort de Gevrey sous les ducs de Bourgogne, mais il refuse d'aller au-delà, et nous conte, à ce sujet, cette anecdote :

« Il existait, dans la maison, un médaillon sans millésime, assez endommagé, sur lequel on lisait pourtant très distinctement ces deux mots : *Dux Carnot...* Cette légende mystérieuse avait inspiré de grandes conjectures sur l'illustration de la famille; ce qui prouve, hélas! qu'elle ne possédait aucun Saumaise. Élève de quatrième, j'eus le fâcheux honneur de dissiper ces illusions, en m'avisant un beau jour de deviner que *Carnot* était l'abréviation de *Carnotensis*, et que la fameuse médaille, fort moderne, appartenait à quelque *duc de Chartres*. Je crois, Dieu lui pardonne! que mon oncle m'a su peu de gré de mon érudition d'écolier. »

Un fait certain, toutefois, c'est que la famille

Carnot, avant la Révolution, possédait des titres qui durent être vérifiés au moment où Lazare Carnot, le futur organisateur de la victoire, fut admis dans le corps du génie où n'entraient que les nobles, ou tout au moins les fils des familles dont les chefs étaient, comme on disait alors, *noble-homme*.

Et la science moderne qui compte pour les deux tiers dans l'évolution et le développement de l'être ces deux facteurs : hérédité, influence des milieux, trouve dans l'histoire biographique de la famille Carnot une confirmation singulièrement probante.

L'illustre Carnot, grand-père du Président de la République, naquit en 1783, à Nolay, petite ville aujourd'hui de l'arrondissement de Beaune.

Admis à l'âge de dix-huit ans à l'école du génie de Mézières comme lieutenant en second, Lazare Carnot tint successivement garnison à Calais, le Havre, Béthune, Arras, Dijon. Ses occupations militaires ne l'empêchaient pas de continuer les travaux littéraires et scientifiques qui lui valurent une grande notoriété.

Citons, en passant, une jolie anecdote sur son enfance, contée en 1837 à l'Académie des sciences par François Arago :

« Carnot n'avait que dix ans lorsque sa mère, dans un voyage à Dijon, l'emmena avec elle et, pour le récompenser de la docilité réfléchie qu'il montrait en toute circonstance, le conduisit au spectacle. On donnait ce jour-là une pièce où des évolutions de troupes se succédaient sans relâche. L'écolier suivait avec une attention imperturbable la série d'événements qui se déroulaient devant lui. Tout à coup il se lève, il s'agite, et, malgré les efforts de sa mère, il interpelle en termes à peine polis un personnage qui venait d'entrer en scène. Ce personnage était le général des troupes auxquelles le jeune Carnot s'intéressait.

« Par ses cris, l'enfant avertissait le général inhabile que l'artillerie était mal placée; que les canonniers, tous à découvert, ne pouvaient pas manquer d'être tués par les premiers coups de fusil tirés du rempart de la forteresse assiégée; qu'en établissant, au contraire, une batterie derrière certain rocher, qu'il désignait de la voix et du geste, les soldats seraient beaucoup moins exposés. Les acteurs, interdits, ne savaient que faire. Mme Carnot était désolée du désordre que son fils occasionnait.

« La salle riait aux éclats; chacun cherchait dans sa tête l'explication d'une *espièglerie* si peu ordinaire. La prétendue espièglerie n'était autre chose que la révélation d'une haute intelligence militaire, le premier symptôme de cet esprit supérieur qui, dédaignant les routes battues, créait quelques années plus tard une nouvelle tactique, qui proposait de remplacer les fortifications si artistement, si ingénieusement combinées de Vauban par un tout autre système. »

Son rôle politique ne commença qu'avec l'Assemblée législative, où il siégea comme député du Pas-de-Calais. Là, il prit une part prépondérante aux réformes militaires et à l'organisation des armées de la République.

Réélu à la Convention, puis nommé membre du Comité de salut public, il est chargé par Robespierre, comme lui député du Pas-de-Calais, ce qui n'avait pas peu contribué à les rapprocher l'un de l'autre, du personnel et des mouvements des armées. C'est la grande époque de sa vie.

La France était menacée de tous côtés : Carnot, par un travail écrasant, organise d'abord la défense du sol national, rétablit l'ordre et la discipline dans les quatorze armées de la République, trace les plans de campagne, inspire les manœuvres et enfin *organise la victoire.*

Vingt-sept victoires, dont huit en batailles ran-

LAZARE CARNOT

D'après une estampe de la Bibliothèque Nationale.

gées ; cent vingt combats ; quatre-vingt mille ennemis tués, quatre-vingt-onze mille faits prisonniers ; cent seize places fortes ou villes importantes occupées ; trois mille huit cents canons, soixante-dix mille fusils et quatre-vingt-dix drapeaux tombés en notre pouvoir : tel est le tableau présenté par Carnot lui-même en rentrant, à l'expiration de ses pouvoirs, au sein de l'Assemblée, après avoir dirigé pendant dix-sept mois les armées de la République.

Le grand Carnot était petit de taille.

Nous extrayons du *Journal de voyage d'une Provinciale à Paris en 1793,* cette curieuse citation :

« Danton nous a amené un petit homme en culottes courtes, coiffé à la Jean-Jacques-Rousseau, avec un habit gris, qui a l'air d'un sous-chef du ministère.

« Il se nomme Carnot.

« C'est un travailleur obstiné qui passe sa vie à aller de la rue Saint-Florentin aux Tuileries, où il fouille les anciens cartons.

« Quand il va à l'armée, il ôte son habit gris pour prendre un habit de général : puis, la bataille gagnée, il reprend son habit gris et revient faire son plan.

« Je m'émerveille quand je pense que ce petit

homme, qui a à peine cinq pieds deux pouces et qui ne boit que de l'eau, va aller avec sa culotte courte et son habit gris, combattre le duc d'York, frère du roi d'Angleterre, qui a six pieds de haut et qui boit dix bouteilles de vin après son dîner !... »

Outre la direction des opérations militaires, Carnot avait associé son nom, dans cette période, à la création de l'École polytechnique dont ses descendants devaient devenir presque les habitués, de l'École militaire, du Conservatoire des Arts-et-Métiers, de l'École normale, du Bureau des longitudes, etc.

Condamné à la déportation après le 18 fructidor, il parvint à se réfugier en Allemagne. Il rentra en France après le 18 brumaire, fut nommé inspecteur aux revues, puis ministre de la guerre en 1800.

Pendant le premier empire, il vécut dans la retraite, jusqu'à l'heure des grands revers. Alors le patriotisme fut le plus fort ; il offrit ses services à Napoléon et reçut le commandement d'Anvers. Carnot n'avait jamais voulu se signer un brevet d'officier général à l'époque où il dirigeait l'administration de la guerre. On s'aperçut seulement quand il rédigea les lettres qui l'appelaient à la direction de la défense d'Anvers, qu'il n'avait que le grade de chef de bataillon.

Pendant les Cent-Jours, l'empereur lui confia le ministère de l'Intérieur. Depuis le retour des Bourbons, il fut proscrit comme régicide et alla vivre en exil d'abord à Varsovie, puis à Magdebourg.

C'est là qu'il apprit la mort du captif de Sainte-Hélène. Les *Mémoires* de M. Hippolyte Carnot nous font connaître sa dernière opinion sur Napoléon. Écrivant à un de ses amis, il s'exprime ainsi :

« J'ai été affecté plus que beaucoup d'autres peut-être par la grande éclipse dont vous me parlez. On ne voit pas sans émotion tomber un colosse. Mais je vous avoue que, généralement en politique, les individus sont peu de choses pour moi.

« Je ne les considère que sous le rapport du bien et du mal qu'ils font à leur pays ; et, sans parler de ses désastres militaires, peu d'hommes ont exercé une influence plus funeste que Napoléon sur le sort de leur patrie, malgré des moyens prodigieux, un caractère inflexible, une âme forte et quelquefois magnanime. »

Lazare Carnot mourut le 2 août 1823. Ce jour-là, il voulut encore se lever et faire sa barbe ; puis il s'étendit sur un canapé. Une faiblesse le prit ; on n'eut que le temps de le porter sur son lit, où il expira.

Le 5 août, à minuit, son corps fut conduit aux

flambeaux, à l'église Saint-Jean et déposé dans un caveau. Ce n'est que plusieurs années après qu'on le transféra au cimetière civil de Magdebourg.

Sa statue, due au ciseau du sculpteur Roulleau, orne aujourd'hui la principale place de Nolay. Et bientôt il l'aura aussi à Paris*.

Carnot a laissé un grand nom, non seulement comme homme politique et comme l'organisateur de la victoire, mais encore dans la science. Ses travaux en mécanique, sa *Géométrie de position* et ses *Réflexions sur la métaphysique du calcul infinitésimal* lui assignent une place d'élite dans le monde savant.

— Notre aïeul, nous disait avec orgueil M. Carnot, le sympathique professeur de l'École des mines, de qui nous tenons la plupart des détails inédits qui figureront dans ce volume, notre aïeul n'était pas seulement un grand capitaine : c'était aussi un grand savant et ce n'est pas là son moindre titre de gloire. Dites-le bien à vos lecteurs.

Les sciences en effet et plus spécialement les sciences mathématiques semblent avoir été depuis lors l'apanage et le lot des Carnot, de père en fils.

L'illustre conventionnel laissait derrière lui deux enfants, dignes de leur père et de leur nom.

* Voir à la fin du volume la Note I, page 257.

L'aîné, Nicolas-Léonard-Sadi Carnot, était né en 1796 dans ce palais du Luxembourg où son cadet devait, plus tard, comme doyen du Sénat, proclamer l'avénement de son propre fils aux plus hautes fonctions de la République.

Élève de l'École polytechnique, Sadi prit part avec ses camarades, en 1814, à la défense de Paris.

Ce fut lui qui, au moment où son père sortait de sa retraite pour offrir son épée à Napoléon, écrivait, au nom de ses condisciples, la lettre suivante à l'Empereur :

« Sire, la patrie a besoin de tous ses défenseurs ; les élèves de l'École polytechnique, fidèles à leur devise, demandent de voler aux frontières pour partager la gloire des braves qui se dévouent au salut de la France. Le bataillon, fier d'avoir contribué à la défaite des ennemis, reviendra dans cette enceinte cultiver les sciences et se préparer à de nouveaux services. »

Le bataillon fut en effet employé à la défense à Vincennes, où il servait une batterie d'artillerie ; enveloppé par la cavalerie ennemie, il se défendit intrépidement sur ses pièces, et donna à la garde nationale le temps de venir à son secours. Sadi se comporta en fils de soldat ; son père, qui était à

Anvers, lui en fit compliment dans une lettre qui a été conservée :

« Mon cher Sadi, j'ai appris avec un plaisir extrême que le bataillon de l'École polytechnique s'est distingué, et que tu as fait tes premières armes d'une manière honorable. Lorsque je serai rappelé, je serai fort aise que le ministre de la guerre t'accorde la permission de venir me chercher. Tu apprendras à connaître un beau pays et une belle ville, où j'ai eu la satisfaction de me maintenir tranquillement pendant les désastres qui ont accablé tant d'autres endroits. »

Quand son père fut proscrit, Sadi comprit qu'il n'avait à espérer d'avancement qu'à l'ancienneté. Aussi, en 1819, ayant obtenu après concours le grade de lieutenant d'état-major, il se fit mettre en disponibilité et consacra sa vie à la science.

Savant de premier ordre, c'est à lui que la physique doit nos deux lois primordiales de la théorie mécanique de la chaleur*, dont l'une seulement porte son nom, celle qu'il exposa dans un court mémoire de 70 pages paru en 1824 sous ce titre : *Réflexions sur la puissance motrice du feu.*

---

* Voir à la fin du volume la note 11, page 258.

Son livre fut accueilli avec une certaine faveur par ses contemporains, mais il ne fit pas sensation. Comme il arrive souvent, c'est bien après sa mort, il y a seulement quelques années, que le génie de Sadi Carnot fut révélé à la France. Et par qui? Par l'Angleterre.

Un jour, nos savants furent tout étonnés d'apprendre qu'au-delà de la Manche l'auteur des *Réflexions sur la puissance motrice du feu* était considéré comme le promoteur d'une révolution dans la mécanique.

L'Académie des sciences s'émut de cette réputation faite en pays étranger au fils de Carnot. Elle reprit, en les étudiant de près, les théories de Sadi Carnot. Plusieurs ingénieurs osèrent s'engager dans la voie qu'il avait ouverte. C'est alors que, sur la demande de plusieurs académiciens, M. Adolphe Carnot, son neveu, frère du président de la République et ingénieur des mines, fit des recherches dans ses papiers, non feuilletés pendant près d'un demi-siècle. Il y trouva quelques notes rapides, jusqu'alors ignorées, et l'Académie eut la preuve que Sadi Carnot avait devancé de quinze ans les expériences de Robert Mayer sur la puissance du feu.

Aussi M. Carnot fit-il paraître, en 1878, chez l'éditeur Gauthier-Villars, une nouvelle édition du livre, revue et complétée. Et, comme il craignait sans doute qu'on ne contestât l'authenticité des notes exhumées, il soumit les manuscrits mêmes à l'Académie des sciences, aux archives de laquelle ils figurent aujourd'hui.

Ces principes, qui furent les bases sur lesquelles se fondèrent plusieurs sciences nouvelles (la thermodynamique, la thermochimie, l'électro-mécanique, etc.) et qui firent tant avancer le progrès dans les machines à vapeur et les piles électriques, furent le point de départ de la théorie mécanique de la chaleur, à peine entrevue avant Sadi Carnot.

On s'explique donc facilement l'enthousiasme de M. Lippmann, l'éminent professeur de la Faculté des Sciences, qui, terminant son cours à la Sorbonne en 1886, rendait ainsi publiquement hommage à la mémoire de Sadi Carnot :

— En résumé la théorie mécanique de la chaleur ne doit pas être considérée jusqu'ici comme parfaitement établie. C'est le point de vue auquel se plaçait Sadi Carnot, quand, dans ses notes inédites, il rejetait l'hypothèse par laquelle on considère le calorique comme une matière, comme un fluide subtil, et la remplaçait par une autre hypothèse : la chaleur est le résultat d'un mouvement.

« Puisque le sujet nous amène à parler de Sadi Carnot, qu'il nous soit permis de lui attribuer (et c'est une justice tardive) la priorité et la découverte du principe de l'équivalence.

« Mais Carnot s'était proposé de vérifier par l'expérience ses idées théoriques, il avait projeté toute une série d'expériences qui sont précisément celles que divers expérimentateurs ont faites depuis, comme on peut s'en rendre compte facilement, en se reportant à l'ouvrage déjà indiqué.

« Une mort prématurée l'a seule empêché de livrer au monde savant ses idées sur l'équivalent mécanique de la chaleur, établies d'une manière définitive. On peut donc dire que ceux qui sont venus après lui n'ont fait qu'appliquer ses idées, puisqu'il était en possession des deux principes de thermodynamique, c'est-à-dire de la méthode même qu'on emploie dans les applications ; c'est donc encore à bon droit que la science française peut regarder la thermodynamique comme une de ses créations.

« C'est donc avec justice que Sir William Thomson a écrit : « Dans toute l'étendue du domaine des sciences, il n'y a rien de plus grand, à mon avis, que l'œuvre de Sadi Carnot. » — Ne pas oublier que celui qui parle ainsi est un compatriote de Newton. »

Voici d'autre part comment M. Joseph Bertrand, de l'Académie française, secrétaire perpétuel de l'Académie des sciences, juge dans ses *Leçons de Thermodynamique* les découvertes de Sadi Carnot :

« Les remarques sur le changement de température des gaz, dans un écrit (1824) justement admiré, sont une des preuves les moins contestables du génie pénétrant de l'auteur...

« Avant l'immortel opuscule publié en 1824, on ne connaissait ni ne soupçonnait aucune relation entre le travail d'une machine à vapeur et la chaleur qu'elle met en œuvre. Sadi Carnot, en déclarant une telle loi nécessaire, en a assuré la découverte...

« Un lecteur perspicace de l'opuscule aurait pu, dès l'année 1824, apercevoir un des plus beaux triomphes de la philosophie naturelle dans les propositions, encore mal démontrées, qu'un critique udicieux conservait le droit de repousser. »

La terrible épidémie de choléra qui s'abattit sur Paris en 1832 trouva Sadi Carnot épuisé de travail, à peine rétabli d'une fièvre scarlatine qui l'avait mis en danger. La première atteinte du fléau le terrassa. Son frère Hippolyte, tout occupé au même moment à organiser des ambulances pour les malades, n'eut que le temps d'accourir : il mourut en peu d'heures, le 24 août 1832.

Né le 6 avril 1801, à Saint-Omer, où son père s'était marié en 1791 avec une demoiselle Marie Dupont, Hippolyte Carnot, le second fils du grand Carnot est le père du Président de la République. Il fit ses études à Paris et, après Waterloo, partagea de 1815 à 1823 l'exil de son père; il ne revint en France qu'après lui avoir fermé les yeux.

Sous la Restauration, il prit part à toutes les luttes du libéralisme. Nommé député de Paris en 1839, il siégea constamment à l'extrême-gauche. La révolution de 1848 le fit, pour quelques mois, ministre de l'instruction publique. Nous aurons l'occasion de revenir plus loin sur cette période de sa vie.

Après le coup d'État du Deux-Décembre, Hippolyte Carnot quitta volontairement la France, et fut élu, en son absence, député de Paris au Corps législatif; mais, ayant refusé de prêter serment, il fut déclaré démissionnaire. Réélu de nouveau, il ne crut pas devoir modifier son attitude.

Enfin, en 1864, élu pour la troisième fois à Paris, il se décida à aller siéger au Palais-Bourbon, et fit partie de cette courageuse opposition qui n'a cessé de revendiquer avec autant de talent que d'énergie le rétablissement des libertés publiques. Il échoua aux élections de 1869.

Envoyé à l'Assemblée nationale par le département de Seine-et-Oise en 1871, il prit place dans les rangs de la gauche.

Il est sénateur inamovible depuis le vote de la Constitution de 1875. Depuis plusieurs années, il préside, en qualité de doyen d'âge, la séance d'ouverture du Sénat.

Au physique, M. Hippolyte Carnot est un vieillard de taille moyenne ; encore aujourd'hui très vert malgré ses quatre-vingt-six ans sonnés et n'en paraissant certes pas plus de soixante-dix. Il a la voix et le geste très doux et l'abord des plus affables. Avec son regard clair et franc, son front large, dégarni par le temps, son visage encadré de cheveux et de barbe d'un blanc de neige, il a fort grand air et rappelle quelque peu, par son aspect patriarcal, la physionomie populaire de François-Vincent Raspail. Il occupe, au cinquième étage du n° 122 de la rue La Boëtie un appartement modeste, dont le salon, aux meubles d'acajou recouverts de velours rouge, est orné d'un superbe buste en marbre blanc du grand Carnot.

Sectateur de Saint-Simon, républicain et démocrate de race et de fait, il est resté et jusqu'au bout fidèle aux doctrines de toute sa vie.

Le futur sénateur avait épousé, en 1836, une jeune fille du Limousin, Mlle Dupont, dont les parents habitaient depuis de longues années le petit village de Chabanais, situé entre Limoges et Angoulème. De vieille souche républicaine comme son mari, la mère de notre président était fille et nièce d'officiers généraux des armées de la Révolution. Elle avait été bercée au refrain de la *Marseillaise*.

De cette union naquirent, à dix-huit mois d'intervalle, deux fils en qui devait s'affirmer et se développer avec l'âge l'esprit démocratique, héritage maternel autant que paternel.

Tel père, tel fils, dit la sagesse des nations, en désaccord le plus souvent avec les faits. C'est plutôt : telle mère tel fils, qu'il faudrait dire. Ainsi l'a décidé Nature, voulant assurer par cette loi la diversité des êtres dans l'unité de l'espèce ; sans quoi il n'y aurait au monde qu'un seul homme, toujours identique et adéquat à lui-même, perpétuant mêmes défauts et mêmes qualités dans le passé comme dans l'avenir.

Mais ici les deux influences, père et mère, se complétaient, se greffaient, se multipliaient et l'on pourrait presque dire que les deux frères vinrent au monde républicains.

L'aîné, c'est notre président, de qui nous allons nous occuper plus spécialement tout à l'heure.

Son frère cadet, Adolphe, est aujourd'hui professeur à l'École nationale des Mines. Ingénieur très distingué, M. Adolphe Carnot est surtout connu dans le monde des sciences par ses travaux sur la chimie et notamment sur le dosage de la potasse.

Statue de Lazare Carnot sur la grande place de Nolay.

SADI CARNOT

I

SADI CARNOT — SA JEUNESSE

Pourquoi Sadi, pourquoi Marie ? — Entrée au collège. — Les deux frères. — Étude et vacances. — Le menuisier Delage. — L'École Polytechnique. — La fièvre typhoïde et le maréchal — L'École des Ponts-et-Chaussées. — *Major !* — Secrétaire du secrétaire. — Mariage et départ.

LE futur Président de la République Marie-François-Sadi Carnot naquit à Limoges, le 11 août 1837, dans la petite rue Sainte-Valérie.

En fait foi le document suivant, qui figure sur les registres de l'État-Civil à la mairie de Limoges.

Aujourd'hui treize août mil huit cent trente-sept à neuf heures du matin, par devant nous Jean Poncet des Nouailles, adjoint de M. le maire de la ville de Limoges, faisant les fonctions d'officier de l'état-civil, soussigné

A comparu,

Monsieur Lazare-Hippolyte Carnot, propriétaire, âgé de trente-six ans, demeurant rue Neuve-Sainte-Valérie, division nord;

Lequel nous a présenté un enfant du sexe masculin, né le onze courant, à six heures du soir, de lui comparant et de dame Jeanne-Marie-Grâce-Claire Dupont, son épouse, auquel enfant il a déclaré donner les prénoms de Marie-François-Sadi.

Lesquelles présentation et déclarations faites en présence de messieurs Antoine-Joseph-Édouard Dupont, officier de marine, âgé de vingt-sept ans, demeurant boulevard de la Pyramide, et de Gaucher-Joseph Descoutures conseiller à la cour royale de cette ville, âgé de cinquante ans, demeurant susdit boulevard.

Lesquels, ainsi que le père, ont signé avec nous le présent acte, après lecture faite.

Ont signé au registre : H. Carnot, E. Dupont, Descoutures et Poncet père, adjoint.

Et tout d'abord, pourquoi ce prénom de Sadi qui a intrigué tant de gens? — Il lui fut donné, répond-on, par son parrain qui, lui-même, s'appelait ainsi.

Nous qui savons que Sadi Carnot, le physicien, mourut en 1832, nous avons le droit de trouver étrange qu'on le fasse parrain d'un enfant né cinq ans plus tard.

Mais l'eût-il été, la question n'en est que reculée, non résolue.

Pourquoi ce soi-disant parrain s'appelait-il Sadi ?

Sadi, nom persan qui signifie *sage* et que l'on écrit aussi Saadi, fut porté par un poète célèbre, Sadi, surnommé Moslih-Eddin, qui vivait au douzième siècle, mais dont les œuvres publiées pour la première fois à Calcutta en 1791, parurent en France vers 1794.

Probablement ces poésies frappèrent l'imagination de Lazare Carnot, qui, on le sait, rimait le madrigal à ses heures; d'où ce prénom au parfum exotique donné à son fils par le conventionnel dans un temps où les noms de baptême s'empruntaient à droite et à gauche, mais toujours hors du calendrier grégorien.

Ce prénom de Sadi fut donc bien pour le fils aîné d'Hippolyte Carnot, un héritage de son oncle. Mais c'est seulement en souvenir du cher mort, que le nouveau né fut ainsi nommé.

Quant à son prénom de Marie, voici ce qu'écrit à ce sujet Félix Pyat :

« *Marie,* comment ce prénom féminin est-il à un homme ? Ce n'est sûrement pas là un nom de baptême catholique, au moins pour un mâle, l'Église n'aurait pas permis cette anomalie baptismale… d'ailleurs notre président n'a pas été baptisé.

« Son père, Hippolyte Carnot, un des sages de 48, n'était pas catholique, mais saint-simonien. Or le saint-simonisme avait pour dogme la réhabilitation de la femme, l'égalité sinon la supériorité de la mère, l'intronisation de la Papesse à côté du Pape. De là, sans doute, le prénom de Marie donné par Hippolyte à son fils Sadi. »

Le jeune Sadi et son frère furent instruits par leur père et élevés par leur mère à Chabanais, où celle-ci possédait, par héritage, une petite propriété; c'est seulement lorsque l'aîné des deux enfants eut l'âge d'être mis au lycée, que la famille quitta le Limousin pour venir se fixer à Paris.

Sadi, à cette époque, allait sur ses douze ans.

Les parents s'étaient logés dans la rue Tronchet, au numéro 11, ayant choisi pour les études de Sadi l'ancien collège Bourbon, qui s'appelait alors lycée Bonaparte, mais qui devait encore se nommer lycée

Fontanes avant de devenir le lycée Condorcet qu'il est aujourd'hui.

Le collège de la rue du Havre était à deux pas du logis paternel et Mme Carnot, dans sa sollicitude, l'avait exigé ainsi pour que son fils pût suivre les cours comme externe, et pour diriger elle-même son éducation, sinon son instruction.

C'est ainsi que Sadi et son frère, qui devait bientôt le rattraper dans ses classes et le rejoindre à la cinquième pour ne plus le quitter jusqu'à la fin de leurs communes études, échappèrent à cette fatale promiscuité de l'internat, si funeste aux enfants, qui s'y corrompent l'un l'autre, les mauvais gâtant les bons, comme les fruits dans un panier; régime de cloître, d'hôpital et de prison qui est antisocial parce qu'il est antifamilial, le troupeau ne remplaçant pas la famille, parce qu'il déforme au moral et dégrade au physique.

Lorsqu'en 1851, après le coup d'État, M. H. Carnot s'exila volontairement, Mme Carnot resta à Paris pour veiller sur ses fils.

Les vacances se passaient tantôt à Nolay, chez les cousins du père, tantôt à Chabanais, chez les parents de la mère.

Mais ces vacances mêmes n'étaient pas sans profit.

M. Carnot, qui avait goûté jeune de l'exil, puisqu'il avait accompagné son père à l'étranger lorsque le conventionnel régicide avait été expulsé par les Bourbons, savait par expérience combien est dure, hors de France, la vie de quiconque n'a pour vivre que diplômes et parchemins. Comme il redoutait toujours quelque événement imprévu qui forcerait ses fils à quitter leur patrie, il voulut les pourvoir d'un métier manuel.

C'est en se jouant, et presque sans s'en douter, que les deux frères firent leur apprentissage.

Il y avait à Chabanais un brave menuisier, nommé Delage, qui se piquait même d'ébénisterie. C'est à lui que fut confiée l'éducation pratique des petits collégiens.

Tout n'alla pas d'abord sans quelques déboires. Sadi se coupait les doigts, Adolphe attrapait des durillons à manier rabot et varlope. Mais, peu à peu, les apprentis devinrent plus adroits et, si chaque année ils quittaient Chabanais avec les mains quelque peu calleuses, ils avaient le temps de les amollir pendant les dix mois scolaires, à feuilleter le *Gradus ad Parnassum* ou à cultiver le *Jardin des Racines grecques.*

M. Carnot agissait en père prévoyant et sage, et, si ses fils n'eurent pas à se servir plus tard de leurs talents en menuiserie, ils en gardèrent au moins une grande habileté à se servir de leurs dix doigts. Sadi, paraît-il, était plus adroit que son frère, et conserva le goût de l'ébénisterie. Sans compter mille bibelots d'étagère, ce fut lui qui menuisa pour le compte de ses enfants des jouets de toute sorte, petits lits, armoires minuscules, fortins et redoutes, guignols et marionnettes de bois et de carton.

Sadi Carnot avait vingt ans lorsqu'il entra avec le numéro 5 à l'École polytechnique, où son frère devait bientôt le rejoindre; car tandis que l'aîné, un peu pressé par l'âge, abandonnait l'étude des lettres pour faire ses mathématiques spéciales, le cadet continuait ses humanités jusqu'à la philosophie inclusivement.

Mais les deux frères, qui s'étaient quittés à la rhétorique, étaient destinés à se retrouver encore. Sadi Carnot en effet était depuis huit mois à peine à l'École et déjà il avait conquis par son travail le grade de sergent, lorsqu'il tomba gravement malade de la fièvre typhoïde. Pendant plusieurs semaines, il délira, ne reconnaissant personne. Les médecins le jugeaient perdu. Mais il faut croire que l'amour et les soins maternels sont plus puissants que la science, car les médecins eurent tort et Mme Carnot, qui avait veillé son fils jour et nuit, le sauva en dépit de la Faculté et de ses pronostics.

Sadi entra bientôt en convalescence.

Mais sauver le corps n'était pas tout. Le cerveau résisterait-il ? La fièvre typhoïde est traître et nul n'ignore la boutade, désormais célèbre, attribuée à tort ou à raison à certain maréchal de France. *Si non é vero...*

— Fièvre typhoïde !... Terrible mal !... On en meurt ou on reste idiot... Je puis en parler ; je l'ai eue !

Sadi pourtant se rétablit lentement et sa raison n'en reçut nul dommage.

Mais, tandis que la fièvre le clouait au lit, son frère avait passé avec succès l'examen de l'X et était entré à son tour à l'École dans un si bon rang, qu'il ne tarda pas à mériter lui aussi le grade que son frère malade laissait vacant.

C'est ainsi qu'en reprenant sa place parmi ses condisciples, l'aîné trouva son cadet occupant la chambre qu'il avait abandonnée. De ce jour tous deux assistèrent aux mêmes cours, les galons de sergent sur leurs tuniques. Le fait est certainement des plus rares dans les annales de l'École.

C'est même de là que vint pour les distinguer l'un de l'autre, la coutume de nommer l'aîné Sadi Carnot en joignant le prénom au nom patronymique, tandis que le cadet continuait de s'appeler Carnot, tout court.

Sur l'impression que fit à ses camarades le sergent Sadi, nous ne serions être mieux renseignés qu'en invoquant les souvenir de M. Armand Silvestre. Avant d'être le poète délicat et le conteur gaulois que l'on sait, M. Armand Silvestre passa, en effet, par l'École polytechnique, où il fut le condisciple de M. Carnot :

« A la barbe près, cette barbe noire de prince assyrien, Sadi Carnot est certainement celui d'entre nous qui a peut-être le moins changé. Il avait la même tournure un peu raide à laquelle aucun embonpoint n'est venu, le même regard doux et franc, la même froideur apparente dont ses amis n'ont jamais été dupes.

« Nous n'appartenions pas à la même salle et nous n'étions rapprochés que par une certaine parenté d'idées politiques. Avec Duportal, Lucien Marie, fils de l'ancien membre du gouvernement provisoire, Carette, aujourd'hui colonel du génie, et Philippe, nous constituions le noyau républicain avancé. L'École n'a jamais été impérialiste, — et l'a prouvé en toute occasion, — mais on était dans un temps de grande gloire militaire, en pleine campagne d'Italie, et comment de futurs officiers n'auraient-ils pas pardonné beaucoup à un régime qui semblait tenir si fort en honneur le drapeau. Carnot était certainement le plus ferme, mais aussi le plus réservé de ce club.

« Ses compagnons de salle le comparaient volontiers à une jeune fille. Il en avait la modestie sans être le moins du monde bégueule. Il était aussi parfaitement dénué d'ambition qu'on le peut être, et je suis certain qu'il est encore le même aujourd'hui.

« Entré dans les premiers, il se maintenait à son rang et était certainement un des plus laborieux de sa promotion. Une maladie causée par la fatigue le força à renouveler une année et de retrouver, dans la promotion de ses conscrits, son frère qui, lui aussi, en tenait la tête. Tous deux portaient un grand nom avec une simplicité parfaite et n'avaient autour d'eux que des amis.

« Le second est resté fidèle à sa carrière d'ingénieur et les circonstances seules, qui ont fait appel à son patriotisme, ont arraché l'aîné à des études auxquelles il semblait par goût devoir consacrer toute sa vie.

« Si son arrivée à la première magistrature du pays me semble une gloire pour notre commun berceau, pour notre chère École, c'est que mieux que personne, il en personnifiait, élève, l'esprit d'égalité, de justice, d'estime réciproque, de travail obstiné, de foi dans les destins du pays, de progrès et d'amour de la lumière. Il y apportait, par nature, toutes les qualités qui s'y développent, mais aussi y a-t-il trouvé le fort enseignement qui devait le faire homme, l'entourage de sympathies qui lui devait donner le courage, l'affermissement de toutes ses virilités »

Sadi ayant donc été obligé de redoubler sa première année, les deux frères sortirent ensemble de l'École en 1860.

Sadi, qui se destinait aux Ponts-et-Chaussées, entra à l'école spéciale avec le numéro 1. Intelligent et travailleur, il en sortait *major* trois ans après, c'est-à-dire toujours premier.

Avec de pareilles notes, la carrière du jeune ingénieur s'ouvrait large et belle. Toutefois c'est à tort que certains journalistes, prématurément informés, ont attribué à une faveur spéciale le poste de secrétaire qui lui fut confié au Conseil des Ponts-et-Chaussées.

A vrai dire, il n'était pas même secrétaire, mais seulement attaché au secrétariat.

Le Conseil supérieur des Ponts-et-Chaussées, qui se réunit chaque semaine à l'effet d'examiner les rapports et projets qui lui sont soumis sur les grands travaux de l'État, a pour secrétaire un de ses membres, ingénieur en chef. Mais un usage constant veut que l'on adjoigne à cet ingénieur l'élève sorti premier de l'École à la promotion de l'année. C'est à la fois un moyen de familiariser le néophyte avec la pratique de son art et de le récompenser en même temps des efforts qu'il a faits pour sortir *major*, en lui procurant une année agréable de séjour à Paris.

C'est au cours de cette année 1863 que Sadi Carnot épousa Mlle Dupont-White. Il ne faudrait point croire, à cause de ce nom de Dupont, qui est celui de la mère et de la grand'mère du Président de la République, qu'une parenté quelconque liât les familles des deux époux. Simple coïncidence, rien de plus.

M. Ernest Leblanc nous donne sur Mme Carnot les détails suivants :

« Mme Sadi Carnot est une femme accomplie, très instruite, d'une intelligence et d'un esprit remarquables. Excellente mère de famille, elle s'est toujours beaucoup occupée de ses enfants dont elle a suivi de près l'éducation.

« Un trait de sa jeunesse la peint de façon charmante. Dans le ménage, d'ailleurs très uni, de ses parents, M. Dupont-White représentait les idées libérales en homme qui était secrétaire général de la justice en 1848, tandis que sa femme avait été élevée dans l'admiration de la monarchie de Juillet. La future Mme Carnot départageait impartialement ses père et mère en parlant d'autre chose. »

Quelques jours après son mariage, M. Carnot rejoignait, en compagnie de sa jeune femme, le poste qui lui était assigné, la petite ville d'Annecy, dans la Haute-Savoie.

II

ANNECY

LA petite ville d'Annecy, nouvelle résidence du jeune ingénieur, est située à 640 kilomètres sud-est de Paris, à l'extrémité du lac auquel elle a donné son nom.

Le premier acte où il soit fait mention de la ville, est une charte de l'empereur Lothaire, de l'année 867. Au xe siècle, elle était capitale des comtés de Génevoix qui cédèrent leurs états aux comtes de Savoie en 1401. De 1514 à 1659, les comtes de Génevois-Nemours, l'une des branches les plus illustres de la maison de Savoie, possédèrent à titre d'apanage « Annecy et toute la comté », ainsi que les baronnies de Beaufort et de Faucigny.

A la mort de Henri II, duc de Génevoix-Nemours,

qui ne laissait point de postérité, toutes ces provinces firent retour au domaine direct des ducs de Savoie, qui allaient devenir rois de Sardaigne.

En 1860, lors de l'annexion de la Savoie à la France, Annecy était le chef-lieu de la division générale à laquelle elle donnait son nom et se composait des trois provinces du Génevoix, du Chablais et de Faucigny.

La ville, à ce que prétendent les géographes, renferme les ruines du couvent de Sainte-Claire et les restes de l'abbaye de Beaulieu occupés par des établissements privés; le château des comtes du Génevoix transformé en caserne; la cathédrale, qui date du seizième siècle, l'église de la Visitation qui possède les reliques de Saint-François de Sales et celles de Jeanne de Chantal; l'évêché construit en 1784, et le muséum qui exhibe une collection de 300 médailles romaines.

C'est peu, comme on voit, pour qui vient d'habiter pendant quinze ans la capitale, si fertile en merveilles.

Heureusement les environs sont là et la position d'Annecy est charmante. Les rives du lac sont célèbres par leur beauté, surtout la rive orientale que domine le mont de la Tournette. Le lac est d'une longueur de 14 kilomètres et d'une largeur de 1 à 3 kilomètres. Sa profondeur moyenne est de 30 mètres et ses eaux sont à 70 mètres au-dessus de celles du lac de Genève.

Le lac d'Annecy, qui s'écoule dans le Fier par des canaux creusés à travers la ville « ressemble, dit un vieux proverbe, à un ami qui vous abandonne dans le besoin. Il manque de poisson dans le carême. »

Ce reproche à part, c'est un des lacs les plus pittoresques du monde. Il est dominé par de hautes montagnes, et ses deux rives sont bordées de châteaux et de villages qui forment un magnifique panorama.

C'est au pied de la colline d'Annecy-le-Vieux qu'Eugène Sue, exilé de France à la suite des événements politiques de 1851, fixa sa résidence, et c'est là qu'il mourut le 3 août 1857, dans sa modeste maison de la « *Tour* » située à mi-côte au-dessous du rocher du « *Talabar* ». On y arrive par un chemin rocailleux et on se trouve devant une maisonnette, un petit jardin, une vigne. Ce n'est plus le vaste château et les larges avenues du parc dont M. Eugène de Mirecourt faisait E. Süe l'heureux possesseur.

Sur les bords du lac d'Annecy, on rencontre le hameau de Chavoises, au-dessus duquel une maisonnette en ruine porte le nom de Jean-Jacques-Rousseau, qui s'y rendait quelquefois pendant les promenades des élèves du séminaire.

« Sur une éminence, se dresse le château de Menthon, qui a vu naître Saint Bernard de Menthon, fondateur des hospices du Grand et du Petit Saint-Bernard. La chambre qu'il habitait a été convertie en oratoire, et l'on montre encore la fenêtre par laquelle il s'échappa pour ne point contracter un mariage que ses parents voulaient lui imposer, et le rocher sur lequel les pieds du saint sont restés empreints. » Au fond d'une petite anse, est situé le gentil village de Talloires, remarquable par la douceur de sa température. Sur son territoire, se trouve une célèbre abbaye de bénédictins, fondée au XIXe siècle, qui présente l'aspect moitié religieux et moitié belliqueux des monastères du IXe, du Xe, XIe siècles. Signe des temps, l'abbaye qui s'avance en avant du prieuré du moyen-âge, a été convertie en un hôtel-pension.

Et la maison de Berthollet, où le savant chimiste naquit en 1748, sert de maison d'école.

Dans les environs, se montre le village de Crau, « village essentiellement industriel, dont chaque maison porte sur ses flancs des roues qui font mouvoir des artifices de toutes sortes ».

Sadi Carnot et son frère à vingt ans.

M. Sadi Carnot eut vite fait de visiter tous ces sites enchanteurs, et ce n'était pas en touriste seulement.

Car, ce lac, si charmant à tant de points de vue, a encore un défaut capital. Il s'écoule mal et, dès son arrivée, M. Carnot, en sa qualité d'ingénieur des Ponts et chaussées, fut chargé de le surveiller.

Il fallait distribuer les eaux, établir des courants, creuser ici, rehausser, élever une digue là, et toujours le capricieux lac recommençait ses fredaines, menaçant la salubrité de la ville.

Ce ne fut donc pas pour l'ingénieur un travail spécial, mais plutôt une suite continuelle de travaux qui durèrent pendant le séjour de plusieurs années que devait faire M. Carnot dans le chef-lieu de la Haute-Savoie.

Ces travaux furent, d'ailleurs, un utile dérivatif aux ennuis de la vie dans une petite ville de province, car Annecy, malgré son titre pompeux de chef-lieu du département, n'était en somme qu'une grosse bourgade de 11.000 habitants, ce que les Parisiens appellent dédaigneusement « un trou » et M. Carnot était déjà Parisien, de fait sinon de droit.

M. Carnot et sa jeune femme avaient certes été reçus avec la plus grande cordialité, par ce qu'on nomme dans toute ville de province : *la société*. A Annecy, *la société* avait ce caractère particulier, c'est qu'elle ressemblait presque, à cette époque, à une colonie française en pays étranger. On voudra bien se rappeler, en effet, que la Haute-Savoie n'était française que depuis trois ans, lorsque M. Carnot y fut envoyé.

Les traités de 1815, pour ajouter une garantie de plus à la neutralité de la Confédération suisse, avaient neutralisé quelques enclaves du Faucigny et du Génevoix, qui faisaient retour au royaume de Sardaigne. Lorsqu'en 1860, la Savoie fut réunie à la France, on craignait que la Suisse ne prît ombrage au sujet de ces enclaves. D'où, pendant les premières années de l'annexion, la situation assez tendue de tous les fonctionnaires français chargés de ce département, vis-à-vis des habitants, surtout dans les villes.

Ces craintes, du reste, se dissipèrent vite et l'entente s'établit promptement entre les familles françaises nouvellement établies et les familles autochtones. Mais ces relations banales n'offrent à l'homme intelligent qu'une assez maigre ressource contre la nostalgie de Paris. Restaient, il est vrai, suprême distraction, les petits savoyards, joueurs de vielle et montreurs de marmottes *en vie*, lesquels se remuent à la pelle dans ce département qui semble être leur quartier général. Mais on se blase de tout.

Voilà pourquoi M. Carnot se retrancha obstinément dans l'étude et donna à la science toutes les heures que ne réclamaient pas les devoirs de sa profession.

Du reste, ces devoirs employaient une grande partie de son temps.

Outre le lac sur lequel il fallait constamment avoir l'œil, M. Carnot avait à aménager, pour ainsi dire, à la française, un département très en retard au point de vue des communications.

Sans parler des voies de toutes sortes, routes et chemins qu'il fit construire, c'est M. Carnot qui fut chargé par le gouvernement d'établir une voie ferrée entre Genève et Annecy.

Jusque-là, le département de la Haute-Savoie n'était desservi que par une seule ligne, le chemin d'Aix-les-Bains à Annecy. Un coup d'œil sur la carte suffira pour faire remarquer l'énorme détour qu'on était obligé de faire pour gagner Genève et la Suisse. Les voyageurs avaient, il est vrai, la ressource de la diligence, encore très en honneur à cette époque ; mais les marchandises ?

L'arrondissement d'Annecy est encore un centre industriel très important : tissages de coton, fabriques d'étoffes de soie, taillanderies, chaudronneries, poteries d'étain, tanneries, corroieries, mégisseries, marbreries, poteries, fabriques de porcelaines, telles sont les industries principales d'Annecy et de ses environs.

Un chemin de fer reliant Annecy à la frontière suisse avait donc pour la ville une importance très grande, puisqu'il ouvrait au commerce un débouché nouveau.

C'est Annemasse, gros bourg situé près de la frontière suisse, sur la rive gauche de l'Arve, que M. Carnot choisit comme point *terminus* de la ligne à construire.

M. Carnot avait à vaincre des difficultés énormes. Les hauteurs qui séparent Annecy d'Annemasse ne laissaient pas au constructeur de la nouvelle ligne les développements nécessaires. C'est alors que le jeune ingénieur imagina un système de tunnels en courbes, qui, depuis, a été employé avec succès dans le percement du Saint-Gothard.

Du reste ce chemin de fer devait, à cette époque, rester à l'état de projet. Il a été construit en 1879.

Mais le plus important sans contredit, des travaux

qui signalèrent la carrière d'ingénieur de M. Sadi Carnot, fut le pont de Collonges construit sur le Rhône, en amont de Bellegarde, entre le bourg et le fort de l'Écluse.

C'est pour établir les fondations de ce pont, que M. Carnot appliqua, en les perfectionnant, les procédés de fondations à l'air comprimé, encore nouveaux à cette époque, et depuis généralement employés pour toutes constructions analogues.

Voici, sommairement résumée d'après un ouvrage technique, la méthode de fonçage par l'air comprimé, dont la première application aux fondations des ponts date de 1851.

C'est en Angleterre qu'elle eut lieu à l'occasion de la reconstruction du pont de Rochester.

L'air comprimé, dans un tube ouvert par le bas et fermé par le haut, chasse l'eau, ce qui permet aux ouvriers d'y descendre pour faire à sec les fouilles intérieures, et au tube d'arriver progressivement jusqu'au terrain solide. Quand on est arrivé à ce point, on coule au fond du tube un lit de mortier de ciment romain, qui s'oppose à l'introduction de l'eau, et ouvrant le tube à la partie supérieure, on achève de le remplir avec du béton ordinaire ou de la maçonnerie.

Pour rendre possible l'entrée et la sortie des

ouvriers, le tube est muni à sa partie extérieure d'une chambre, dite chambre à air ou d'extraction. Deux portes mettent cette chambre en communication, l'une avec l'air extérieur, et l'autre avec l'intérieur du tube.

Mais à partir de 1857, la méthode de fonçage par l'air comprimé se modifia et donna lieu à deux méthodes essentiellement distinctes : l'une dite la méthode par la rentrée de l'eau; l'autre, par l'air comprimé, proprement dit, et dont voici la description :

Lorsque le tube chargé de son contre-poids, de la chambre à air et de tous ses appareils, est descendu au moyen de vérins sur le fond de la rivière, on y chasse de l'air comprimé pour en expulser l'eau par le siphon ou par le rebord inférieur, les ouvriers y descendent alors, et leur travail consiste à creuser le sol et à charger les bannes qui remontent les déblais dans le sas à air. Au fur et à mesure que les ouvriers approfondissent le terrain sous le tube, celui-ci descend avec régularité sous l'action du poids énorme qu'il a à supporter; et qui est plus que suffisant pour résister à l'action de l'air comprimé et pour vaincre tous les frottements. Ce travail se continue de la sorte dans toutes espèces de terrains, jusqu'à ce que le tube soit arrivé au fond.

Lorsque la profondeur dépasse 25 mètres, la pression de l'air est telle, que les ouvriers ne peuvent plus y résister.

Cette méthode devint classique, et les perfectionnements que M. Sadi-Carnot y apporta sont enseignés aujourd'hui dans les Écoles techniques, et les programmes des cours de constructions les mentionnent avec le nom de l'inventeur.

Dans la construction du pont de Collonges, voici quelle était la plus importante des dispositions imaginées par M. Sadi Carnot.

Le plafond du caisson donnait passage à sept tubes ou puits circulaires : le puits central de 3 mètres de diamètre contenait un escalier tournant, et les autres, de 1^m 45 de diamètre, étaient destinés à l'enlèvement des déblais et à la descente des matériaux. Chacun d'eux était muni d'un sas à air. Mais au lieu de placer ces sas au-dessus des eaux et de les y maintenir pendant toute la durée des opérations, M. Carnot eut l'idée nouvelle de les établir à la partie inférieure et même dans la chambre de travail.

En faisant descendre ainsi les sas à air avec le caisson même, on évitait d'avoir à les déplacer successivement, ce qui permettait de leur donner des dimensions plus grandes et de faciliter beaucoup l'accès dans le caisson; les tubes d'ascension restaient librement ouverts à l'extérieur, et le puits central servait seul à la circulation des ouvriers qui, d'autre part, respiraient bien plus à l'aise dans la chambre de travail.

C'est au milieu de ses occupations multiples que la funeste guerre de 1870 vint le surprendre. Douloureusement frappé par nos revers dans ses sentiments les plus chers, il n'hésita pas un seul instant à aller mettre son dévouement à la disposition de ceux qui assumaient la tâche de relever l'honneur français devant l'envahisseur.

La science, qui jusque-là avait réclamé toute son intelligence et toute son activité, cédait ses droits à la patrie, et dès ce jour-là, le rôle politique de M. Carnot commençait.

III

LA DÉFENSE NATIONALE

Paris investi. — Le gouvernement de Tours. — Proclamation de
Gambetta. — Les cartes d'État-Major. — Le bureau d'études
topographiques et le service des reconnaissances. — M. Carnot
préfet et commissaire. — La défense locale. — Inertie des
paysans, énergie du préfet. — L'armistice.

APRÈS le désastre de Sedan, l'armée alle-
mande, favorisée par un automne excep-
tionnel et ne rencontrant devant elle aucun obstacle,
marcha sur Paris sans coup férir et, le 19 septembre,
commençait l'investissement de la capitale.

Bien que tout l'espoir de la France se concentrât
maintenant sur la métropole dont on attendait le
salut, le gouvernement provisoire ne crut pas devoir
laisser la province entièrement séparée du pouvoir
central. C'est pourquoi, à la nouvelle de l'approche
de l'ennemi, le 16 septembre, une délégation composée de MM. Crémieux, Fourichon et Glais-Bizoin
partit pour Tours afin d'y réorganiser les ser-

vices et de former, si possible, derrière la Loire, une armée de secours pour aider à débloquer Paris.

La délégation se mit à l'œuvre ; mais elle échoua dans ses tentatives au point que l'amiral Fourichon, désespéré, résigna ses fonctions de ministre de la guerre, et que son portefeuille resta sans titulaire pendant plusieurs jours.

C'est à ce moment que Gambetta, parti de Paris en ballon avec pleins pouvoirs de ses collègues, arriva à Tours, le 9 octobre, et lança au pays cette proclamation enflammée que sa longueur nous interdit de citer ici, mais que se rappellent tous ceux qui ont connu cette époque terrible.

L'effet en fut prodigieux. De tous les points du territoire les bonnes volontés surgirent et vinrent se grouper autour du ministre de la guerre improvisé.

Un des premiers à répondre à l'appel avait été Sadi Carnot.

Le jeune ingénieur apportait, outre son concours matériel, les plans d'une mitrailleuse nouveau modèle, dont il était l'inventeur. Cette arme perfectionnée fut acceptée et adoptée en principe par la commission d'armement, mais les ouvriers manquèrent pour l'exécuter et le temps pour l'essayer. Elle resta donc à l'état de projet.

C'est qu'en effet tout manquait à Tours. Tout était à organiser. La délégation était partie de Paris si précipitamment et, croyait-on, pour si peu de temps, qu'elle avait même négligé d'emporter le matériel administratif le plus élémentaire.

Les dossiers de l'armée, qui seuls pouvaient donner les antécédents des officiers à qui confier des commandements : restés à Paris. Enfin, ceci paraîtra plus fort, les ballots des cartes de l'État-Major au 1/80.000 ou, à leur défaut, les planches de cuivre gravées pour en tirer d'autres : restés à Paris.

Voici comme s'exprime à ce sujet M. de Freycinet dans son livre *La guerre en province pendant le siège de Paris :*

Cette pénurie de cartes dépasse tout ce qu'on peut imaginer. Non seulement on n'en possédait pas pour en envoyer aux corps d'armée en campagne, mais l'administration centrale elle-même en manquait pour suivre les opérations engagées. Quand un comité directeur de cinq membres tenta de se constituer dans les premiers jours d'octobre*, le secrétariat général de la guerre fut dans l'impossibilité de mettre à sa disposition, même une carte routière de la France. On se demande com-

* Après le départ de M. Fourichon et avant l'arrivée de Gambetta.

ment les administrateurs de cette époque pouvaient rédiger leurs instructions stratégiques.

L'administration du 10 octobre avait donc une tâche surhumaine sur les bras pour organiser au pied levé différents services du ministère de la guerre. Détail risible s'il n'était terrible, le local même était à chercher. Il fallut aménager de bric et de broc cinq ou six maisons particulières pour en faire des bureaux.

Quant au personnel, il était absent.

On s'adressa de divers côtés, dit encore M. de Freycinet, et principalement aux catégories de personnes telles que les ingénieurs et les employés supérieurs des chemins de fer qui, par leurs antécédents et leurs habitudes d'esprit, devaient se plier plus facilement à l'administration militaire.

Les concours s'offrirent empressés, mais, souvent, on le devine, avec plus de patriotisme que de compétence. Nous choisîmes autant que nous pûmes * et grâce surtout aux deux catégories que j'ai mentionnées, nous finîmes par doter les services à peu près convenablement. Il y a eu là des dévouements nombreux et quelques-uns, qui n'en furent que plus méritoires, s'exerçant dans l'obscurité. Ainsi des ingénieurs de l'État et jusqu'à des

---

* M. de Freycinet était à Tours, le second et le délégué de Gambetta.

ingénieurs en chef ont consenti, pour se rendre utiles en ces graves moments, à surveiller le dépouillement des dépêches, l'expédition des plis, et quelques-uns même à copier des lettres.

Parmi les plus intelligents et les plus capables, fut choisi le personnel du nouveau cabinet dont M. E. Byse, ancien fonctionnaire des chemins de fer, prit la direction..

C'est à ce cabinet que se rattachèrent certains services nouveaux et notamment celui des cartes et celui des reconnaissances.

Les cartes d'État-Major manquaient totalement, on l'a vu.

Un officier d'infanterie de marine, M. Jusselain, était parvenu à se procurer, chez la veuve d'un officier supérieur, un album complet des fragments par région de la carte d'État-Major.

Il eut l'idée, n'ayant pour la faire graver, ni le temps voulu, ni les artistes spéciaux, de reproduire ces fragments par la photographie et par l'autographie.

En peu de temps, quinze mille cartes furent ainsi obtenues.

Mais là ne s'arrêtait pas la besogne.

L'effroyable incurie des ministres de la guerre sous l'Empire avait négligé de tenir la carte d'État-

Major au courant des modifications sans cesse adve-
nues quant aux voies de communication, et la carte
était restée telle qu'elle avait été dressée lors de son
apparition, c'est-à-dire en 1852. Il fallait relever le
réseau des chemins de grande et de petite vicinalité,
indiquer les voies d'embranchement des chemins de
fer et même certaines grandes lignes, en un mot,
reviser, retoucher et remanier de fond en comble
ces cartes surannées.

Il fallut demander aux préfets des départements
non occupés d'envoyer les cartes des chemins vicinaux afin de compléter les tracés. Mais ces cartes,
généralement au 1/160.000 ou au 1/200.000 étaient
à une échelle au moins deux fois plus petite que
celle de l'État-Major. De plus elles étaient planes et,
pour ces deux raisons, n'indiquaient ni les mouvements de terrains, ni les petits bourgs, les hameaux
et les fermes comme la carte d'État-Major. Il était
donc très difficile, parfois impossible de tracer exac-
tement sur cette dernière qui contient, elle, tous ces
détails, les chemins vicinaux nouveaux, et surtout
les voies ferrées de création récente.

C'est dans ce but que fut créé un bureau supérieur d'études topographiques, en relations avec les
quartiers généraux, et dans lequel travailla M. Sadi
Carnot, en compagnie de plusieurs autres ingénieurs.

Une de leur missions était de revoir et de compléter la carte primitive en reproduisant, à l'échelle voulue, les routes et voies ferrées tracées depuis l'époque de sa confection.

Ils s'occupaient encore d'étudier la marche des armées dans ses rapports avec la configuration du sol et les moyens de communication. Enfin ils tenaient les quartiers généraux au courant des mouvements de l'ennemi, des positions occupées par ses différents corps, et ce, grâce au service des reconnaissances avec lequel le bureau topographique était en intimes relations.

Ce service de reconnaissances, imaginé par Gambetta, avait pour objet, comme son nom l'indique, de reconnaître les positions de l'ennemi et de recueillir sur ses forces numériques, sur ses projets, la plus grande somme d'informations possible.

Ses agents, sorte de *détectives,* en pérégrination continuelle à travers les lignes prussiennes, en constante relation avec les gens que leur situation mettait à même d'être bien informés, maires, télégraphistes, cantonniers, chefs de gare des pays occupés, rendirent les plus grands services à la défense. Leur mission était loin d'être sans péril. Mais peu se firent prendre, et le bureau topographique renseigné au jour le jour sur les opérations de l'ennemi arriva à ce résultat surprenant de désigner à des chefs de corps non seulement les positions de l'ennemi, mais jusqu'aux numéros des régiments qu'ils avaient en face d'eux.

M. Carnot avait montré au bureau topographique de telles qualités que Gambetta, lorsque le Gouvernement dut quitter Tours pour Bordeaux, après la perte de la bataille du Mans, songea à utiliser son dévoué collaborateur, en le nommant préfet de la Seine-Inférieure et commissaire de la Défense pour les départements du Calvados et de l'Eure.

La situation était critique dans cette région. Pendant que les Prussiens occupaient Rouen et menaçaient Dieppe, le sous-préfet effaré, accablait Gambetta de dépêches contradictoires « Vos hésitations, finit par télégraphier le ministre de la guerre, nuisent extrêmement à la conduite des opérations militaires; pénétrez-vous de cette idée, et changez. »

Puis, comme le sous-préfet se plaignait encore, il lui expédia la dépêche que voici, datée du 13 janvier 1871 :

« Il importe d'aviser, me disiez-vous dans une précédente dépêche. C'est ce que j'ai fait en désignant M. Carnot comme préfet de la Seine-Inférieure, l'Eure et le Calvados.

L'Hôtel-de-Ville du Havre, en 1871.

« M. Carnot a pour mission d'organiser les forces de la défense nationale dans ces départements. Il est à la hauteur du rôle important que je lui ai assigné et j'espère qu'il triomphera des difficultés. »

Nommé par décret du 10 janvier 1871, M. Carnot partit immédiatement pour le Havre avec des instructions détaillées.

La prise sans coup férir de Rouen, à la suite du combat de Buchy qui s'était changé en déroute, avait mis au pouvoir de l'ennemi la basse Normandie, et lui avait livré tout le pays jusqu'à la ligne de la Rille.

Le Havre étant investi, le nouveau commissaire fut obligé de s'embarquer dans le Calvados, et de gagner par mer son poste, après une traversée de plusieurs heures par un temps détestable.

Arrivé le 16, M. Carnot télégraphiait immédiatement :

« Je suis arrivé au Havre ce soir à cinq heures. J'ai vu le général Loysel, le maire Ramel, le sous-préfet Leplieux. Je suis à l'œuvre. »

Le Havre, grâce à ses croiseurs qui le mettaient en communication avec les ports de la côte, constituait un centre de résistance fort important. Admirablement fortifiée par les soins du capitaine de vaisseau Mouchez, cette ville avait reçu la plupart des troupes du général Briand, qui s'étaient reformées après la défaite de Buchy. En y ajoutant les mobiles et les marins que la place possédait auparavant, il y avait là les éléments d'un véritable corps d'armée.

Le général Loysel travaillait à reconstituer et à discipliner cette petite armée de 30,000 hommes environ, lorsque arriva M. Carnot. Confiant dans l'habileté du général, le nouveau préfet lui laissa le soin de tenir l'ennemi en respect du côté de Rouen et à une certaine distance, afin d'éviter les horreurs du bombardement. Le général Loysel se montra à la hauteur de sa mission, car, lorsque les pourparlers de l'armistice commençaient, les troupes occupaient Goderville, Criquetot, Bolbec, Lauquetot et Lillebonne.

L'ennemi n'ayant pas dépassé la Rille, c'est sur le Calvados que M. Carnot songea à concentrer l'organisation de la défense.

La tâche était ardue.

Voici, en effet, en quoi consistait l'organisation de la défense locale dans les départements, telle que l'avait prévue et réglée un décret du 14 octobre 1870.

Tout département dont la frontière se trouvait par un point quelconque à une distance de moins de 100 kilomètres de l'ennemi était déclaré *en état de guerre.*

Cet état de guerre entraînait les conséquences suivantes : le chef militaire du département devait convoquer, toute affaire cessante, un comité militaire composé de cinq membres au moins et neuf au plus.

Ce comité se composait, outre le chef militaire, président, d'un officier du génie ou, à défaut, d'artillerie ; d'un officier d'état-major, d'un ingénieur des Ponts-et-chaussées et d'un ingénieur des mines. A défaut de ces divers fonctionnaires, les membres étaient choisis parmi les personnes qui, à raison de leurs aptitudes ou de leurs antécédents, s'en rapprochaient le plus.

Le Comité, après avoir visité, s'il y avait lieu, le terrain, désignait, dans les quarante-huit heures à partir de la déclaration d'état de guerre, les points qui lui paraissaient le plus favorablement situés pour disputer le passage à l'ennemi.

Ces points devaient être immédiatement fortifiés à l'aide de travaux en terre, d'abatis d'arbres et autres moyens d'un emploi rapide et peu dispendieux. Ces fortifications devaient prendre, selon le cas, le caractère d'un camp retranché pouvant contenir tout ou partie des forces disponibles du département et recevoir, en cas de besoin, de l'artillerie. Chacune des voies par lesquelles l'ennemi était supposé pouvoir avancer, devait recevoir au moins un système de défense semblable, dans les limites du département, sauf le cas où la voie serait déjà commandée, dans le département, par une place fortifiée.

Le comité militaire ou les membres désignés par lui avaient droit de réquisition directe sur les personnes et les choses, pour procéder à l'établissement des travaux sus-mentionnés. Ils payaient les dépenses à l'aide de bons délivrés par eux et acquittables à la fin de la guerre sur les fonds du département ou des communes.

Dans tous les départements en état de guerre, le comité militaire pouvait, après avoir pris l'avis du préfet, requérir l'évacuation immédiate des chevaux, bestiaux, voitures et approvisionnements de toute espèce de nature à servir à l'ennemi et les faire diriger sur un point choisi.

Si l'évacuation ne pouvait avoir lieu à temps, le comité pouvait ordonner et poursuivre la destruction du matériel et des approvisionnements de toute nature, pour éviter qu'ils tombassent aux mains de l'ennemi.

Le comité, tout en tenant compte de tous les droits, tout en sauvegardant dans la limite du possible tous les intérêts, devait agir à cet égard avec la plus grande célérité.

Le Gouvernement, en effet, avait été frappé de la facilité avec laquelle les Prussiens étendaient leurs progrès sur le territoire.

Leur marche, leur invasion ne rencontraient point d'obstacles. Tout au contraire, ils trouvaient ravitaillements et nourriture.

Cependant de nombreux points offraient de précieuses ressources pour la défense. Il y avait des routes que l'on pouvait intercepter, des cours d'eau dont on pouvait faire des lignes de résistance, des bois où les gens du pays pouvaient s'embusquer pour harceler l'ennemi, et surtout il importait de retirer les approvisionnements hors de sa portée, de faire le vide autour de lui.

Toutes ces mesures étaient déjà décrétées depuis longtemps lorsque M. Carnot prit possession de son poste de commissaire. Quant à être exécutées, c'est autre chose.

Il lui fallut exercer sur les autorités des campagnes une grande autorité morale, car les populations rurales opposaient une complète inertie et parfois une sorte de répugnance à accepter des obligations qui étaient pour eux une gêne et surtout un arrêt dans la vie sociale. L'interception des routes, l'évacuation du bétail et des denrées ne se faisaient pas sans dommages. Les paysans essayaient de s'y soustraire et beaucoup, c'est triste à dire mais c'est ainsi, auraient préféré vendre leurs provisions à l'ennemi.

Néanmoins, grâce à la vigueur du nouveau préfet-commissaire, les préparatifs de défense avançaient rapidement lorsque arriva la nouvelle de la capitulation de Paris tôt suivie de bruits d'armistice.

Se méfiant des nouvelles venues de l'ennemi, M. Carnot refusa d'en croire les Prussiens sur parole, et télégraphia à Bordeaux :

« Préfet à Intérieur. 30 janvier, 5 h. 15 soir. — Je reçois avec indirects pour préparer le ravitaillement de Paris. Tout m'est suspect qui ne vient pas de vous. Je suis prêt à agir, mais j'attends avis de Bordeaux. »

« CARNOT. »

Puis comme on parlait aussi d'élections pour une assemblée destinée à traiter des préliminaires de paix, il lança cette seconde dépêche :

« Préfet à Intérieur. 30 janvier, 11 h. 55 soir.—

Au ministre Gambetta, Bordeaux. — Fidèle aux sentiments qui l'ont toujours animée, la démocratie de la Seine-Inférieure émet le vœux suivant : « Pas d'élections. Lutte à outrance. »

« Carnot. »

Cependant il ne put douter plus longtemps lorsque le commandant Harel, de retour d'Alvimare, quartier général de l'État-Major prussien, rapporta le texte de la convention d'armistice signée par Jules Favre.

La ligne de démarcation tracée par le grand État-Major allemand et acceptée les yeux fermés par Jules Favre, nous était défavorable et établie en déni de toute justice.

M. Carnot télégraphia à Gambetta :

« La délimitation de l'occupation prussienne, telle que la définit la convention signée Bismarck et Jules Favre, est inadmissible. Elle conduit à la cession de villes et de territoires libres jusqu'ici des atteintes de l'ennemi. Sur mon invitation, les municipalités des communes que les soldats prussiens ont envahies depuis deux jours, protestent de tous côtés contre l'invasion, et notifient leurs protestations aux commandants militaires étrangers. Cette attitude énergique des autorités civiles en impose à plusieurs.

« Ils sont entrés à Honfleur, à Fécamp, à Saint-Valéry. Il y en a actuellement 3500 à Dieppe... Notre câble avec l'Angleterre est à l'ennemi...

« J'envoie une protestation au commandant prussien, et j'oppose aux fonctionnaires nommés par l'ennemi des fonctionnaires, nommés par moi, avec l'ordre d'assurer énergiquement la liberté électorale.

« CARNOT. »

En effet les maires de toutes les communes occupées irrégulièrement, recevaient les ordres suivants :

« Préfet à maire Honfleur, 1er février. — Vous devez protester avec une inébranlable énergie contre l'occupation prussienne d'un territoire qui était libre au moment de la signature de l'armistice. »

« Préfet à maire Fécamp. 1er février. — Je vous félicite ainsi que votre conseil municipal de l'énergie que vous déployez contre les prétentions prussiennes. Persistez avec fermeté dans vos protestations. Nous pourrons avoir à céder, mais nous aurons fait notre devoir jusqu'au bout. »

Quelques jours après M. Carnot apprenait que le département de la Côte-d'Or l'avait choisi, troisième sur huit et par 41,711 voix, pour le représenter à l'Assemblée nationale.

Bien qu'il se fût déclaré l'adversaire intraitable de la paix et de la nomination d'une assemblée ayant pouvoirs pour la signer, il accepta le mandat qui lui était offert espérant sans doute, devant les prétentions outrageantes de l'ennemi, assister à un réveil tardif du patriotisme et le provoquer au besoin par son opposition.

Il avait du reste résigné ses fonctions du préfet et de commissaire par la hautaine dépêche qui suit :

« Le Havre, 7 février 1871, 11. h. soir. — Préfet à Intérieur, Arago, Bordeaux. — Monsieur le ministre, les décrets rendus à Paris, le 29 janvier, ne m'ont jamais été notifiés, et j'ai affiché et contresigné ceux du 31 rendus à Bordeaux.

« En publiant aujourd'hui, d'après votre ordre, l'annulation du décret de Bordeaux, j'ai le devoir de dégager ma responsabilité et de ne pas me déjuger.

« Convaincu de la nécessité de lutter à outrance pour sauver notre pays de l'anéantissement politique et *des colères qui en résulteront*, j'ai accepté comme une mesure de défense nationale le deuxième décret du 31 janvier, bien qu'il fût contraire à mes doctrines politiques, comme je consens aux réquisitions militaires, bien qu'elles consacrent une atteinte à la propriété et à la liberté individuelle.

« Dans la crise où nous sommes, en présence d'élections que dénature la pression étrangère, et que la discussion n'a pas le temps d'éclairer, j'ai admis une mesure d'exception parce que j'y ai vu, en temps de guerre, une nécessité de salut public. *Si vous ne redoutez pas une Chambre telle que M. de Bismarck la désire, je ne puis vous suivre.*

« En venant ici avec mission d'organiser les forces de la Défense, j'acceptais un poste de combat qui n'a de raison d'être qu'avec la Chambre fière et résolue, entrevue par Gambetta, avec l'exclusion des partisans de la paix à tout prix. Pour rester fidèle à la ligne de conduite que je m'étais tracée, je vous remets donc mes fonctions et vous prie d'accepter ma démission.

« CARNOT. »

Sa carrière parlementaire commençait.

IV

AU PARLEMENT

L'Assemblée de Bordeaux. — Secrétaire de la Gauche républi-
blicaine. — Septennat et 16 Mai. — Le portefeuille des Travaux publics. — Profession de foi et programme. — Ministre
des finances. — Rentrée dans le rang.

RELEVÉ de ses fonctions, le préfet-commissaire
partit pour Bordeaux, où il arriva le 19 fé
vrier 1871, et, dès les débuts de l'Assemblée, prit
siège au sein de la gauche républicaine dont il devint
le secrétaire.

Il garda cet emploi à la Chambre jusqu'à sa nomination au sous-secrétariat des Travaux publics.

— On ferait plusieurs gros volumes, nous disait
M. le sénateur Hippolyte Carnot, avec les procès-
verbaux détaillés que mon fils écrivit pour son
groupe, et plus tard pour la Chambre : travaux des
commissions, discours à la tribune, votes impor-
tants, tout y est résumé avec beaucoup de méthode

et ces documents pourraient être la base d'une histoire parlementaire très complète de la troisième République.

Peut-être, un jour, M. Carnot se décidera-t-il à écrire cette histoire?

Bien que prenant rarement la parole, son influence devint grande à la Chambre. Il apportait en effet cet esprit d'ordre, cette puissance de travail et ce jugement net et droit qui l'avaient distingué dès son adolescence et signalaient son âge mûr.

M. Carnot fut un des cent sept de la minorité qui vota, le 1ᵉʳ mars 1871, contre les préliminaires de paix et contre la cession de l'Alsace-Lorraine à la Prusse.

Ce ne fut pas toutefois sans un douloureux combat. Tandis que le jeune député était opposé à la paix, son père qui jugeait en vieillard était d'un avis contraire :

— Jamais je ne voterai cette paix honteuse : disait le fils. Tant que la France aura un homme à opposer aux envahisseurs, nous devons lutter et ne pas laissser arracher à la Patrie ses enfants les plus dévoués.

— Mon cher ami, répondit le père, vote selon ta conscience, comme je voterai selon la mienne. Mais j'avoue que je ne pousse pas l'héroïsme aussi

La tombe de Lazare Carnot au cimetière de Magdebourg.

loin que toi et que je ne me résigne pas à voir la France tout entière foulée par les hordes allemandes, pillée, brûlée, assassinée sans miséricorde, pour un résultat peut-être problématique.

Et le père et le fils patriotes tous deux certes, mais entendant de façon diverse l'amour de la patrie, votèrent l'un contre l'autre.

Ce fut peut-être la seule fois du reste.

A l'Assemblée nationale, les habitudes de travail de M. Carnot l'avaient assez fait remarquer de ses collègues pour qu'on le nommât en 1873 de la commission chargée d'examiner le compte définitif du budget de l'exercice 1869.

Au vote de la Constitution qui établissait définitivement en France le régime républicain, il se prononça naturellement pour la République.

Sous le Septennat, il fut un des ennemis les plus tenaces des réactionnaires de l'Ordre moral, un des plus fermes soutiens et des meilleurs conseillers de la coalition des gauches.

De nouveau candidat dans l'arrondissement de Beaune (Côte-d'Or), il fut réélu aux élections du 20 février 1876 et reprit son siège à la Chambre dont il fut nommé secrétaire.

Après le coup d'État du 16 mai, il fut un des 363

qui refusèrent un vote de confiance à MM. de Broglie, Fourtou et consorts.

Il s'éleva contre la dissolution et signa la protestation des gauches.

Aussi le 14 octobre suivant fut-il renvoyé au Parlement, toujours par la 2ᵉ circonscription de Beaune et fort d'une immense majorité.

Par ses études premières, M. S. Carnot se trouvait tout indiqué pour s'occuper des affaires spéciales concernant nos grands travaux publics. Il se fit en effet remarquer dans les discussions techniques sur les voies de grande communication, les chemins de fer, la navigation fluviale et les canaux; l'ingénieur des Ponts-et-Chaussées qui doublait l'homme politique perçait et réapparaissait.

Plusieurs fois membre de la commission du budget, rapporteur du budget des Travaux publics en 1878, il fut, par un décret du 26 août de la même année, nommé sous-secrétaire d'État de ce ministère.

M. Carnot montra bientôt ce qu'il savait et pouvait faire dans ces hautes fonctions; aussi, peu après, M. de Freycinet le choisissait-il comme ministre des Travaux publics.

Le nouveau ministre continua à suivre le programme qu'il s'était tracé comme sous-secrétaire d'État et poursuivit l'exécution des grands travaux qu'il avait entrepris.

Aux élections de 1881, il signait une profession de foi dont voici la conclusion :

« Une nation recule quand elle n'avance plus.

« La démocratie française compte sur un avenir de progrès ; elle veut des réformes dans l'ordre judiciaire et politique, dans l'ordre économique et commercial, dans l'ordre militaire et financier.

« Ces réformes sont nécessaires ; ces progrès s'imposent.

« Vous avez à choisir les hommes qui auront charge de les réaliser, et vous leur donnerez mandat de marcher en avant avec résolution, sans compromettre les résultats acquis, de préparer les améliorations que commande l'expérience de notre loi fondamentale. »

Réélu pour la troisième fois, il devint titulaire du portefeuille des Finances dans le ministère Brisson.

Ne faisant partie d'aucune coterie, ennemi de l'intrigue, d'une honnêteté absolue, M. Carnot sut se créer une place à part aussi bien à la Chambre que dans son collège électoral.

Aussi écouté de ses amis au Conseil général de la Côte d'Or, dont il était membre pour le canton de Nolay*, que respecté de ses adversaires lorsqu'il venait combattre, toujours à armes courtoises, leurs

* Voir la Note III à la fin du volume, page 260.

opinions devant la commission du budget plutôt qu'à la tribune, M. Carnot se montra toujours d'une parfaite correction parlementaire

Aux élections générales de 1885, M. Carnot, porté par le Congrès départemental républicain de la Côte d'Or sur la liste de l'Union républicaine, fut élu au second tour par 55,833 voix sur 91,997 votants.

Il se présentait avec le programme suivant, que nous citerons *in extenso*, car il est un gage de l'avenir :

« Nous voulons affermir et développer les institutions que la France a conquises et dont elle n'entend pas se dépouiller; en face de la coalition des partis monarchiques qui cherchent à relever la tête après la condamnation du pays, le patriotisme nous dicte le devoir de concentrer nos forces et de rechercher ensemble le triomphe des idées qui nous sont communes.

« Nous sommes unis dans une même pensée politique :

« Constituer une majorité de gouvernement qui puisse assurer la réalisation des réformes nécessaires avec la stabilité du pouvoir et la confiance du pays dans son avenir;

« Exiger de tous les citoyens la soumission aux lois du pays;

« Défendre avec résolution les droits de la société civile contre toute invasion du cléricalisme;

« Appeler le principal souci des pouvoirs publics sur les réformes financières et économiques pour conjurer les effets des crises dont souffrent le commerce, l'agriculture, le travail, et qui atteignent momentanément la prospérité de nos finances;

« Appliquer nos efforts continus et persévérants à réduire les charges publiques, à améliorer les conditions du travail, à faciliter et simplifier l'administration de la justice, à réformer progressivement les défauts de notre système fiscal;

« Pour mener à bien ces transformations nécessaires, éviter toute déperdition inutile des forces de la France au dehors, sans permettre qu'il soit porté atteinte au patrimoine national, aux droits, aux intérêts du pays, à nos traditions, à notre dignité de grande puissance;

« En dehors de cette politique de prudence et de raison, nous ne voyons qu'aventures et déceptions. Depuis 1870, la France se relève des désastres où l'Empire l'avait conduite. C'est par l'ordre, par le travail, dans la sécurité et dans la liberté républicaines, qu'elle reprend le rang qui lui appartient;

« Nous voulons poursuivre cette œuvre de relèvement. »

Fidèle à ces principes et marchant droit au but, M. Carnot resta en quelque sorte étranger à toutes les intrigues, à toutes les luttes intestines qui ont divisé et divisent encore le parti républicain au Parlement.

Choisi par M. de Freycinet comme ministre des Finances, il se renferma exclusivement dans le département qui lui était attribué, dédaignant toute compromission politique.

Depuis la chute du deuxième ministère Freycinet, M. Carnot, rentré dans le rang, vivait modestement dans la retraite d'où il fut tiré d'une si éclatante façon.

Nous raconterons plus loin, dans toutes ses péripéties, cette crise qui aboutit à la démission de M. Grévy, et nous dirons à quel concours de circonstances M. Carnot dut d'être choisi par l'unanimité des républicains du Congrès.

V

ÉCRITS, OPINIONS ET DISCOURS

M. Carnot écrivain. — Son style. — Un livre de Stuart Mill. — Pourquoi il fut écrit. — Pourquoi il fut traduit. — Préface nécessaire. — La révolution de Février. — Le suffrage universel. — M. Carnot n'est pas un tribun. — Ses opinions.

M. S. CARNOT, homme d'étude et de science, devait naturellement peu ou point écrire. Absorbé par ses travaux tant parlementaires que techniques, il n'avait point le loisir de confier au papier autre chose que des rapports et des calculs.

Son bagage d'écrivain politique est donc assez léger.

Mais qualité passe quantité et la concision du style, lorsqu'elle accompagne la précision des idées, est préférable aux périphrases creuses et nombreuses et dénote au moins chez l'auteur le souci d'être net et le désir de venir au but.

Cette clarté sobre est la caractéristique du style de M. Carnot.

Il dédaigne et méprise la fleur de rhétorique. Il sait dire ce qu'il veut, comme il veut, et rien que ce qu'il veut. Sa phrase est mathématique, si l'on peut s'exprimer ainsi. Très française de tournure, vive d'allure, correcte et balancée de forme, elle est claire comme un théorème de géométrie. Elle vise à instruire bien plus qu'à charmer.

L'ouvrage le plus compact de M. Carnot est sa traduction du livre de Stuart Mill, *la Révolution de 1848 et ses détracteurs* *.

Il ne nous appartient pas d'analyser ici ces pages, écrites en 1849 et publiées par le célèbre écrivain anglais dans la *Revue de Westminster*. Ce serait sortir du cadre que nous nous sommes fixé.

Laissons dire pourtant à M. Carnot lui-même dans quelles conditions elles furent écrites.

Le vieux lord chancelier Henry Brougham, l'ancien chef des Whigs, qui résidait en France depuis treize ans, et possédait un château à Cannes, tenant à témoigner sa confiance dans les nouvelles institutions françaises, avait, au commencement d'avril 1848, demandé au Garde des Sceaux des lettres de naturalisation. Comme il entendait demeurer pair anglais, il lui fallut renoncer à devenir citoyen français.

* Paris, Germer-Baillère, éditeur, 1875.

La vanité britannique fut vivement blessée de cette déconvenue, et le grand ministre libéral qui avait tant fait, dans son pays, pour la réforme électorale, pour la diffusion des connaissances utiles, pour l'abolition de l'esclavage, ne craignit pas de dénier à la France le droit de marcher, à son tour, dans la voie du progrès. Sous forme de lettre à son ami et ancien collègue, le marquis de Lansdowne, il écrivit, contre la Révolution de février, un pamphlet qui a fait grand bruit.

C'est à ce pamphlet que répondit John Stuart Mill dans la *Revue de Westminster...*

Nous savons pourquoi Stuart Mill écrivit son livre, sachons quels motifs poussèrent M. Carnot à le traduire en français.

Ces raisons paraissent avoir été de plusieurs sortes. Au premier rang, il convient de placer celle-ci : A la fin de l'année 1874, la France était livrée pieds et poings liés au gouvernement de l'ordre moral dont la pression devait se faire sentir de plus en plus lourde jusqu'au coup d'audace du 16 mai qui devait du reste être sa perte. La Constitution, qui devait nous assurer la République, n'était pas encore votée et les monarchistes, ayant bâillonné la presse républicaine, relevaient déjà la tête et annonçaient publiquement l'avènement prochain du comte de Chambord.

Outre leurs procédés de répression et d'intimidation, les réactionnaires coalisés, jugeant tous moyens bons pour en venir à leurs fins, calomniaient sans trêve et sans vergogne les hommes et les actes du parti républicain, ceux du passé comme ceux du présent.

Il fallait mettre le pays en garde contre ces mensonges intéressés, débités chaque jour à la tribune et dans la presse, il fallait rétablir la vérité.

M. Carnot connaissait le livre de Stuart Mill autrement que de réputation. Son beau-père, M. Dupont-Whitte, l'économiste bien connu, avait été l'intime ami de l'écrivain anglais. M. Carnot jugea que ces pages écrites par un contemporain de la Révolution de février, contemporain impartial, puisque étranger et dégagé du débat, auraient en France plus de portée que tout ce qui pourrait être dit sur les républicains de 48.

Autre raison. Son père, M. Hippolyte Carnot avait été directement pris à partie par le pamphlétaire anglais, au sujet de ses actes comme ministre de l'instruction publique.

Rappelons ici, d'après M. Ernest Leblanc *, quels avaient été ces actes :

---

* *Les Carnot*, série d'articles dans le *National*, réunis en brochure.

« En arrivant au pouvoir, M. H. Carnot appela auprès de lui ceux de ses amis du Saint-Simonisme dont les lumières et les intentions lui semblaient le mieux concorder avec ses projets et avec l'esprit de la Révolution nouvelle. Jean Reynaud, Charton, Renouvier, devinrent ses collaborateurs. Avec eux, il élabora le projet de loi qui complétait en quelque sorte le droit de vote donné à tous par le droit de tous à l'instruction primaire.

« Son projet était fondé à la fois sur les principes de la liberté d'enseignement, de l'instruction obligatoire et de la gratuité. La troisième République seule devait mettre à exécution cette loi démocratique dont M. Carnot peut, à bon droit, revendiquer la paternité lointaine.

« En même temps, il instituait une commission des hautes études scientifiques et littéraires, décrétait la gratuité de l'École normale, fondait l'École d'administration que M. de Falloux devait détruire peu de temps après. Voilà pour les esprits cultivés. Pour le peuple, il organisait les lectures du soir destinées aux ouvriers, ouvrait un concours pour les chants nationaux, et comprenant la vérité du mot de Sully, introduisait l'enseignement de l'agriculture dans les écoles primaires, fournissant ainsi aux habitants des campagnes le moyen de se renseigner sur les méthodes de culture les plus avantageuses et les plus perfectionnées. C'est lui enfin, c'est son cœur bon qui donna aux salles d'asile de l'enfance le titre d'Écoles maternelles.

« Toutes ces réformes ne faisaient point l'affaire de la réaction, ni des bureaux, les fameux bureaux dont l'omnipotence et la force d'inertie n'ont pas encore cessé d'entraver la bonne volonté des ministres. Le conseil de l'Université se joignit, du reste, aux bureaux pour paralyser l'activité bienfaisante de M. Carnot.

« Ce ne fut pas tout. Comme ses collègues, comme ses amis, les hommes de Février, le ministre de l'instruction publique fut en butte aux attaques les plus injustes et les plus contradictoires. Pour avoir écrit dans une de ses circulaires, pleines de sagesse et de raison, qu'un paysan pauvre et sans instruction, mais ayant du bon sens et de l'expérience, pourrait n'être pas déplacé sur les bancs de l'Assemblée nationale, il fut accusé, lui, l'auteur du projet sur l'instruction gratuite et obligatoire, de faire l'éloge de l'ignorance! Telle est la bonne foi et la logique des partis!

« Après les malheureuses journées de juin, M. Carnot fut maintenu au ministère par le général Cavaignac. Mais la réaction, à qui l'insurrection avait donné tant de force, attaqua avec violence le ministre républicain. Un catéchisme politique, rédigé par Charles Renouvier, sous ce titre : *Manuel républicain de l'homme et du citoyen,* publié sous les auspices du ministre provisoire de l'instruction publique, et envoyé aux instituteurs, devint le prétexte d'un véritable déchaînement. Ce catéchisme, que le nom de son auteur recommande assez, était empreint des sentiments démocratiques les plus élevés. Les adversaires du ministre prétendirent y avoir découvert des « maximes détestables », les idées socialistes les plus dangereuses. On rendit le ministre responsable de l'envoi, quoiqu'il appartînt à la fraction la plus modérée du gouvernement provisoire.

« Poursuivant l'amélioration de l'instruction primaire et du sort des instituteurs qui la répandent dans les campagnes, M. Carnot avait déposé une demande de crédit destinée à assurer cette double amélioration. Le 5 juillet 1848, quand cette proposition vint à être discutée, les meneurs de la réaction profitèrent d'un moment où les bancs républicains étaient moins garnis que de coutume et réclamèrent une réduction. Le ministre s'y opposa. La réduction fut votée à la majorité de onze voix. Elle portait sur un chiffre insignifiant. Mais ce vote était un vote de

6

défiance. Avec beaucoup de dignité, le ministre de Février donna sa démission. »

Henri Brougham rééditait dans son libelle toutes les accusations des réactionnaires de l'Assemblée, Stuart Mill relevait ces propos agressifs. Traduire Stuart Mill, c'était à la fois défendre la République et son père, faire œuvre de bon fils comme de bon citoyen.

M. Sadi Carnot se mit à l'œuvre et, quelques semaines après, sa tâche de traducteur était finie. Ajoutons que le représentant du peuple, craignant sans doute de mériter l'épigramme italien : *Traductore : traditore,* s'était fait aider par Mme Carnot qui possédait beaucoup mieux que son mari les secrets, tours et détours de la langue de Byron.

Il s'agissait maintenant de présenter au public l'ouvrage, absolument ignoré en France. M. Carnot pensa qu'il était nécessaire de faire précéder cette justification des hommes du gouvernement provisoire, d'un aperçu historique qui peignît avec fidélité l'état des esprits à la fin du règne de Louis-Philippe et déterminât avec exactitude les causes réelles de la Révolution de février, incompréhensible pour qui les ignore.

C'est alors qu'il condensa dans une préface très personnelle qui demeurera le complément indispen-

Vue générale de Nolay, berceau de la famille Carnot.

sable du livre de Stuart Mill les raisons qui faisaient de la Révolution de février une nécessité historique.

Nous ne saurions donner au lecteur un meilleur aperçu de la manière littéraire de M. Carnot qu'en citant quelques pages de cette préface :

La Révolution de février, comme le dit très justement Stuart Mill, est devenue une révolution politique, mais elle est née révolution sociale.

Une grande transformation économique s'était réalisée depuis un demi-siècle. En abolissant les corporations, les maîtrises et les jurandes, la Constituante de 1791 avait brusquement créé la liberté commerciale et industrielle ; le pays s'était enrichi ; mais un équilibre séculaire avait été rompu et il fallait du temps pour le rétablir sur de nouvelles bases.

La concurrence, poussée à l'excès, avait amené l'abaissement des salaires et engendré la misère dans une population ouvrière multipliée hors de toute mesure.

Les maux du prolétariat industriel avaient grandi jusqu'en 1830, sans même être entrevus par le monde officiel ; et, si quelques penseurs comme Saint-Simon et Fourier avaient cherché les moyens d'y porter remède, leurs tentatives n'avaient provoqué que railleries dans les sphères du pouvoir.

Une ère nouvelle semblait devoir s'ouvrir avec des hommes nouveaux, après les journées de Juillet. Il n'en fut rien ; le pays légal ne se montra pas moins aveugle

6.

que le pays privilégié. Plus préoccupé de refermer derrière lui la barrière, après l'avoir franchie, que d'appeler ou de préparer à la vie nationale de nouveaux adeptes, il ferma les yeux pour ne rien voir des besoins et des aspirations de la nation laborieuse.

Celle-ci, délaissée, tourna ses espérances vers des systèmes sociaux qui promettaient d'améliorer et d'ennoblir sa destinée, et qui cherchaient dans l'association et dans l'organisation du travail les moyens de réagir contre les dangers de la concurrence industrielle.

La masse des travailleurs, enthousiasmée par de séduisantes théories, se rangea autour des penseurs et des écrivains qui se préoccupaient de sa détresse. Les organes des écoles socialistes, depuis *la Fraternité* jusqu'à *l'Atelier* et *la Réforme*, trouvèrent dans ses rangs des lecteurs passionnés et acquirent aux éloquents interprètes des besoins populaires une réelle puissance.

Dans leur indifférence égoïste, les *classes dirigeantes* ne virent pas monter le flot qui les menaçait; elles ne comprirent pas les périls de cette éducation du peuple, faite en dehors d'elles, sans le contrôle de la discussion; de ces théories dont elles auraient dû chercher à signaler les lacunes et les dangers en prenant l'initiative d'instructives expériences.

La masse des travailleurs, abandonnée à elle-même, devait au jour de la crise se dresser son programme à la main et dire à qui n'avait pas voulu comprendre ses aspirations : « L'heure de la discussion est passée. »

C'est d'ailleurs en dehors d'elle que la crise prit naissance en 1848. La manifestation réformiste se prépara dans le pays légal dont elle signala le mécontentement; loin d'être séditieuse, elle n'avait même pas couleur d'opposition radicale; et, la réforme accordée, le conflit eût été pour longtemps ajourné, sans doute.

Une résistance inconsidérée le rendit inévitable. Le peuple fut amené, par contre-coup, à entrer en scène, et, ce qui n'était, dans le principe, qu'une manifestation légale, devint brusquement révolution.

Hier on réclamait une simple extension du droit électoral; aujourd'hui il faut au peuple le droit absolu de faire lui-même ses propres affaires. Hier on laissait dire à M. Guizot : « Il n'y a pas de jour pour le suffrage universel, ce système absurde qui appellerait toutes les créatures vivantes à l'exercice des droits politiques. » Aujourd'hui le suffrage universel fait irruption de toutes pièces dans la société française; il s'y installe, il devient l'âme de la démocratie et défie toutes les atteintes. Si bien que tout gouvernement sensé doit chercher à l'éclairer au lieu de le maudire ou de le tromper en le flattant.

On se contentait hier de quelques changements de personnes et on se bornait à demander une épuration dans les régions corrompues de l'administration. Aujourd'hui ce n'est plus seulement le pays légal qui s'irrite du rôle que lui font jouer les conseillers du pouvoir; le peuple, tenu à l'écart par un égoïsme aveugle, confond dans un même sentiment tous ceux qu'il rend responsables de sa détresse et de son ignorance.

Il ne se contentera pas d'exercer un contrôle indirect sur la gestion des affaires publiques. Il a pris les armes;

il a remporté la victoire; on doit songer, sans plus tarder, à ses besoins trop longtemps méconnus. Il lui faut l'intervention directe et immédiate du gouvernement pour *organiser le travail*, et s'il consent à mettre *trois mois de misère* au service de la République, c'est qu'il a confiance que, dans ce délai, on aura découvert le secret de l'Absolu Social.

Voilà quel était l'état des esprits quand les événements appelèrent le Gouvernement Provisoire à faire sortir l'ordre du chaos où d'autres avaient conduit la France...

Plus loin, M. Carnot s'exprime ainsi, à propos du suffrage universel, la plus grande conquête de la Révolution de février :

M. Alexis de Tocqueville signalait, il y a quarante ans déjà, le progrès de la démocratie, le développement graduel de l'égalité des conditions, comme un fait providentiel, échappant à la puissance humaine. Tous les gouvernements sont tombés, depuis quatre-vingts ans, pour n'avoir pas tenu compte de cette évolution irrésistible.

La monarchie de Juillet ne pouvait échapper au sort de ses aînées et la démocratie qu'elle tentait de contenir, devait, à un jour donné, rompre ses digues et prendre brusquement possession de la société française.

L'empire s'est fait l'illusion de croire qu'il la soumettrait en la trompant.

Elle défie la fraude comme la force, et l'empire a été submergé.

De telles leçons doivent profiter à notre génération; le temps est venu d'instruire, de corriger, de préparer au gouvernement cette démocratie qu'on a eu le tort, jusqu'ici, d'écarter systématiquement du pouvoir. « C'est dans son organisation, comme le dit M. Jules Grévy, que la France trouvera son salut »; ajoutons, avec lui, que la République, ou la souveraineté nationale organisée, est le seul port où la société française peut désormais défier les orages.

Le grand événement de 1848 nous a rapprochés de ce port de refuge : donnant carrière à toutes les utopies enfantées, depuis vingt ans, dans quelques esprits généreux, par le désir de porter remède à de trop réelles détresses, il a permis de juger à leur valeur pratique des panacées sociales plus séduisantes qu'efficaces. — La liberté a fait disparaître les sectes, redoutables dans l'ombre. — Les grands mots, qui avaient le don de faire illusion aux uns, en effrayant les autres, ont été effacés du vocabulaire démocratique, depuis que l'expérience les a montrés vides de sens.

Un horizon nouveau fut ouvert au progrès et aux espérances populaires, le jour où le gouvernement de Février proclama le suffrage universel.

Là est la véritable assise de la démocratie moderne, là est le véritable avenir rêvé par les réformateurs et poursuivi dans leurs projets chimériques.

Ce n'est pas, sans doute, une arme inoffensive qu'on puisse, au premier jour, manier sans précaution; les plébiscites sont là pour montrer qu'elle a deux tranchants. Toute force recèle des dangers; personne cependant ne songe à bannir l'usage de la vapeur ou de la poudre. Il faut que le peuple apprenne, de même, à se servir du suffrage universel; qu'il en connaisse les périls en même temps que la puissance.

Il saura se préserver des surprises; et, voyant'son avenir dans ses mains, attaché tout entier à l'exercice intelligent de ce droit nouveau qu'il doit à la Révolution, il saura demander et obtenir pacifiquement tous les progrès nécessaires; notre pays n'aura plus à redouter les graves conflits dont il a tant souffert et, sans secousses, seront réalisées toutes les améliorations morales, politiques et sociales que la nation réclame à bon droit.

Elle est commencée, cette éducation populaire, depuis que l'empire n'est plus là pour fausser les manifestations de l'opinion. Nous n'en demandons d'autre preuve que l'attitude aussi ferme que prudente de la démocratie durant quatre années de redoutables crises, à la suite de désastres sans exemple.

Février 1848 a donc inauguré une ère nouvelle dans l'histoire de la démocratie française. Si, à l'heure'de la transformation, quelques hommes ont joué un rôle aussi désintéressé que patriotique, il est temps que justice soit rendue à des services trop méconnus...

On le voit, la forme est simple, brève, concise. Point de fioritures, mais tous les mots portent.

Avec son tempérament, il n'était guère possible à M. Carnot d'être ce qu'on est convenu d'appeler « un orateur brillant » le principal talent de ce genre de rhéteurs étant de parler fort et longtemps pour souvent ne pas dire grand'chose.

M. Carnot a la voix faible et se tait quand il n'a rien à dire. Il a d'ailleurs toujours été un timide et l'on sait quelle confiance en soi-même exige l'accès de la tribune, où, comme l'acteur en scène, l'orateur est le point de mire de tous les regards, comme son discours l'objet de toutes les attentions.

C'est surtout dans les commissions parlementaires que ses collègues ont pu entendre et apprécier M. Carnot.

Il s'exprime doucement, avec un grand calme et sans gestes passionnés ni périodes vibrantes. Comme on est là entre soi, sans auditoire ni public, il a la parole facile et courante, le mot juste et la phrase correcte. C'est l'ingénieur et non l'avocat.

On comprendra sans peine qu'il nous est impossible de parler ici des discours prononcés par M. Carnot pendant les campagnes électorales successives qu'il mena dans le département de la Côte-d'Or. Ce sont là des improvisations du moment, n'ayant souvent qu'un intérêt tout local et tel discours qui fait merveille dans un département est forcément déplacé dans le département voisin où les besoins et les *desiderata* de la population ne sont plus les mêmes.

Il faut croire pourtant que les habitants de la Côte-d'Or trouvèrent à leur goût les homélies de M. Carnot, puisque, seize ans durant, ils l'ont délégué au Parlement.

S'ils l'ont fait, c'est de plein sang-froid et en parfaite connaissance de cause, car M. Carnot n'est pas un de ces tribuns dont une chaude péroraison lancée à la veille du vote enlève les suffrages, souvent regrettés le lendemain, lorsque les électeurs ne sont plus sous le charme. Il n'en a ni les allures ni le physique. De taille moyenne, très élancé, fluet même, il cache sous une impassibilité britannique un fond de grande timidité. L'œil est très doux, pourtant, sans quoi l'aspect général serait glacial. La barbe drue, très courte avec les moustaches fortes, les cheveux assez longs rejetés en arrière, sont d'un noir d'ébène à peine filigrané d'argent. Anomalie bizarre : le frère du président, M. Adolphe Carnot est blond et plutôt replet et forme avec son aîné le plus frappant des contrastes. Un seul point de ressemblance : l'amour de la science et la modestie, ressemblance toute morale, on le voit.

Quant aux opinions de M. Carnot, on les connaît déjà. Républicain modéré, mais convaincu, il a toujours fait partie à la Chambre du groupe de la gauche républicaine, le plus modéré des groupes nettement républicains.

C'est surtout sous le Seize-Mai, alors qu'il y avait vraiment courage à faire montre de républicanisme, que ses convictions s'affirmèrent. Tel il était, tel il est resté et restera vraisemblablement.

Nous en avons fini avec la biographie proprement dite de M. Carnot. Il nous reste à raconter comment cet honnête homme devint président de la République et quels furent en arrivant au pouvoir sa conduite et ses premiers actes.

VI

CRISE MINISTÉRIELLE

LE 3 décembre 1886, le cabinet Freycinet, dont M. Carnot était Ministre des Finances, démissionnait en masse, ayant été mis en minorité par la Chambre des Députés à propos de la question des sous-préfets. La retraite de M. Carnot passa inaperçue.

Étrange retour des choses politiques, le 3 décembre 1887, le peuple de Paris, anxieux et fiévreux, accueillait par des acclamations la nouvelle de l'échec subi au Congrès par la candidature de M. Jules Ferry et la nomination de M. Carnot comme chef du pouvoir exécutif. Le nouveau président de la République devenait en une heure aussi populaire que son redouté concurrent l'était peu.

Que s'était-il passé, dans cet intervalle d'un an jour pour jour, qui pût justifier un tel revirement de l'opinion publique ?

Ceci. Un président de la République, jusque-là cité comme le modèle-type de la correction parlementaire et de l'honnêteté privée, M. Jules Grévy, s'était fait, par son silence et son appui, le complice d'un député prévaricateur, son gendre, qui, abusant de sa situation exceptionnelle à l'Elysée vendait à prix d'or protections et décorations.

La Chambre, moins indulgente que le beau-père et plus jalouse de sa dignité que le président de la sienne, s'émut des révélations de la presse. Une enquête fut décidée contre le député, M. Wilson.

Ceci se passait le 5 novembre 1887.

Après une courte discussion générale, dans laquelle M. Baudry d'Asson, le vendéen barbu, soutint que l'autorité judiciaire avait seule qualité pour intervenir, le président de la Chambre mit aux voix la conclusion du rapport de la commission nommée pour examiner la proposition d'enquête de M. Cunéo d'Ornano.

Cette conclusion était de désigner une nouvelle commission de vingt-deux membres pour élucider les récents scandales.

M. Colfavru présenta une contre-proposition d'après laquelle l'enquête pourrait être étendue « à tous les faits, touchant l'administration, qui paraîtront de nature à mériter un blâme ou une répression. »

Malgré un long discours de M. Rouvier, auquel répondit un discours non moins long de M. de Cassagnac, la proposition Colfavru fut adoptée ainsi qu'une disposition additionnelle de M. Jolibois, conférant à la nouvelle commission « les pouvoirs les plus étendus ».

Enfin l'ensemble de la proposition d'enquête fut voté par 436 voix contre 84.

Or voici ce qu'on apprit dans cette séance, au cours de la discussion, de la bouche même de M. Rouvier qui, répondant à une interruption de la droite, laquelle accusait les ministres de toujours capituler devant les influences de l'Elysée, fit, à la tribune, la déclaration suivante :

« Le Président de la République lui-même, je le dirai en toute franchise, quand il demande à un Ministre d'accomplir un acte, est à l'égard de ce Ministre responsable dans la situation d'un solliciteur, éminent, hors de pair à coup sûr, mais d'un solliciteur, qui n'a pas d'ordres à donner, qui peut émettre un conseil seulement, et le Ministre n'agit que sous sa propre responsabilité.

« Cela est tellement vrai qu'un de mes prédécesseurs, M. Sadi Carnot, a refusé la restitution de droits qui avaient été versés *(Applaudissements répétés)*.

« Vous le voyez, M. Sadi Carnot a agi dans la plénitude de son droit, et je ne sais pas de plus fort argument pour ma thèse que cet acte que vous venez de souligner de vos applaudissements. »

En effet, sitôt le nom de M. Carnot prononcé, la Chambre entière, emportée par un de ces courants qui entraînent parfois les réunions d'hommes, se tourna en applaudissant vers l'ancien Ministre des Finances, prouvant ainsi que dans notre pays la meilleure politique est encore d'être honnête et que si, par hasard, elle échoue momentanément, tôt ou tard elle prend sa revanche.

Pâle à son banc, la tête baissée, M. S. Carnot reçut, avec une modestie émue, ce juste tribut d'hommages.

Et, pendant ce temps-là, tous les yeux fixés vers lui remarquaient que son habituel voisin de banquette, M. Wilson, n'avait pas osé affronter la présence de ses collègues. Sa place était vide, car c'est de lui qu'il s'agissait, et, sans que M. Rouvier nommât personne, la Chambre savait à quoi s'en tenir.

C'est M. Wilson qui, réclamant de M. Sadi Carnot, alors Ministre des finances, le remboursement de droits d'enregistrement versés au Trésor par MM. Dreyfus frères, banquiers, s'était vu refuser satisfaction.

Ajoutons que M. Dauphin, son successeur, remboursa MM. Dreyfus sans difficulté.

Aussi l'ovation faite à M. Carnot ne dut pas causer un très vif plaisir à M. Dauphin. Les applaudissements qui saluaient son prédécesseur étaient autant de coups de sifflet pour lui.

Mais en même temps ils étaient terribles pour M. Wilson. Car il est clair qu'acclamer le Ministre qui n'avait pas consenti à s'associer à ses manœuvres, c'était condamner avec éclat ces manœuvres elles-mêmes. M. Rouvier, sous couleur de défendre le gendre de M. Grévy, l'avait simplement confondu. Etait-ce ce qu'il voulait ? — C'est peut-être pour cela que, dans une autre partie de son discours, il déclarait « avoir la conscience d'accomplir son devoir ».

Quoi qu'il en soit, il importait de rappeler ce souvenir : ce n'est point un fait sans importance que le successeur de M. Jules Grévy à la Présidence de la République soit précisément l'homme qui avait opposé un refus indigné aux scandaleuses démarches de M. Wilson en faveur des clients de l'Élysée.

La situation faite à M. Grévy par le vote de la Chambre équivalait à une mise en demeure d'avoir sinon à exécuter au moins à abandonner M. Wilson. Le soutenir plus longtemps, tolérer sa présence au Palais de la présidence, c'était se déclarer solidaire des méfaits à lui reprochés, c'était compromettre la dignité même du Président de la République.

C'est ce qu'avaient bien compris les droites lorsqu'elles avaient voté la proposition, habile autant que logique, de M. Cunéo d'Ornano. Elles avaient espéré déconsidérer la République aux yeux du pays en la personne de son premier magistrat, pressentant sans doute la tenacité jurassienne du vieux président.

Il fallait l'aveuglement sénile de M. Grévy ou l'optimisme intéressé de l'organe présidentiel, *La Paix*, pour ne pas, dès cet instant, comprendre que l'effort unique des partis extrêmes au Parlement serait de provoquer une crise ministérielle que l'on ferait, par la force des choses, dégénérer en crise présidentielle.

L'occasion ne devait point tarder à s'offrir et l'on

est aujourd'hui presque tenté de croire que M. Rouvier mit quelque bonne volonté à hâter le dénouement.

Depuis plusieurs jours, en effet, des bruits de démission présidentielle couraient dans les couloirs. Le *Times* même l'avait officiellement annoncée, et la nouvelle avait paru vraisemblable, sinon vraie, étant données les révélations chaque jour recueillies par la commission d'enquête contre M. Wilson, que son beau-père s'obstinait toujours à couvrir.

Le samedi 19 novembre, M. Floquet, en montant à son fauteuil, annonça qu'il avait reçu de M. Clémenceau une demande d'interpellation sur la situation générale.

M. Clémenceau, de sa place, réclama la discussion immédiate. Le *leader* de l'Extrême gauche avait résolu d'en finir avec une situation qui permettait à la Droite et à la presse réactionnaire d'injurier chaque jour la République sous couleur de stigmatiser ses représentants.

M. Rouvier répondit qu'il ne pouvait accepter la discussion immédiate, et voici les raisons qu'il donna :

— La Chambre, dit-il, a autorisé la conversion du

4 1/2 o/o. Le gouvernement, dès que le vote de la Chambre a été ratifié par le Sénat, a préparé cette opération délicate. La Rente, cependant, a baissé de 81 25 à 80 80. Une discussion de la nature de celle qu'on veut engager la ferait certainement descendre à un cours inférieur encore et pourrait être la cause d'un échec dont le gouvernement ne peut prendre la responsabilité. A partir du 24, le gouvernement sera prêt à discuter une interpellation qui vise évidemment la chute du cabinet — (quelle perspicacité !) — Mais si la retraite des ministres actuels est dans les vœux de la Chambre, il n'est pas besoin de longs débats : il lui suffit d'affirmer son sentiment sur la fixation de la date de l'interpellation. »

M. Clémenceau monta alors à la tribune et, dans un remarquable discours, fit, avec une grande netteté, l'exposé de la situation.

Malgré sa longueur nous en empruntons le texte au compte rendu analytique officiel, à cause de la portée qu'il devait avoir.

M. Clémenceau. — J'ai demandé à interpeller le gouvernement sur la situation politique. Le gouvernement accepte l'interpellation, mais refuse la discussion immédiate ; il demande l'ajournement à jeudi 24,

M. Charles de Freycinet, sénateur.

et il fait de cette demande une question de cabinet. La question est nettement posée, monsieur le président du conseil ?

M. le président du Conseil. — Parfaitement.

M. Clémenceau. — L'argument invoqué, c'est la nécessité d'attendre jusqu'au moment où les rentiers seront forclos, auront choisi entre le remboursement et la conversion.

« Je ne méconnais pas l'importance de l'opération qui se fait, mais, en vérité, l'argument ne perd-il pas toute sa valeur du moment qu'il est apporté à la tribune ?

« Je comprendrais que M. le président du Conseil fût venu nous dire : « Il ne faut pas d'interpellation, pas de crise ministérielle, je demande l'ajournement de l'interpellation à un mois. » Mais que l'on dise aux rentiers : « Dormez en paix jusqu'à mercredi ; mais pour jeudi je vous promets une de ces crises comme on n'en a pas encore vu dans le monde parlementaire. » C'est ce qu'on ne peut admettre. (Applaudissements et rires.)

Une voix au centre. — C'est extrêmement gai !

M. Clémenceau. — Je ne ris pas, mon cher collègue, je réponds suivant mes forces à l'argument de M. le président du conseil. Mon argument est très sérieux, il m'a été présenté ce matin même par des financiers éminents ; si vous pouvez le réfuter, montez à la tribune, je vous écouterai avec une grande attention.

« Je disais donc que je ne me laissais pas arrêter par l'argument de M. le président du Conseil, parce que dans une situation politique comme celle où nous nous trouvons, il faut parler. Je juge que nous avons attendu trop longtemps et, si j'ai un reproche à m'adresser, c'est de n'être pas monté plus tôt à la tribune.

« Oui, il est nécessaire de s'expliquer, il est mauvais que dans une crise semblable la Chambre garde le silence et que l'opinion publique puisse s'affoler sans trouver de direction.

« Oui, il y a certaines choses dont tout le monde parle, qui remplissent les quatre pages de tous les journaux, qui font le sujet de la plus grande partie de nos conversations ; il n'y a plus de question politique, plus de budget, tous les Français ne s'entretiennent que de certains faits, et la tribune reste muette !

« Eh bien, je crois qu'il faut parler. Assurément c'est une grande responsabilité que je prends et je ne l'ai pas prise sans hésitations. Autant que qui que ce soit, j'ai le souci de l'avenir de la République.

Personne ici n'est plus disposé que moi à faire des sacrifices à la République. Le sacrifice du silence ne me contenterait pas.

« Ce que j'ai à dire est délicat, et je demande à ceux de mes collègues, qui me refuseraient leur bienveillance, de vouloir bien au moins m'écouter.

« Je ne veux pas même faire allusion aux faits que j'ai indiqués. Cependant il y a des choses dont il est impossible de ne pas tenir compte; il y a ce torrent d'injures, dont on abreuve tous les jours la République dans le silence des Chambres.

« Au moment où des paroles ne suffiraient pas, où il faudrait des actes, on garde le silence, il n'y a pas en réalité de Gouvernement, le Gouvernement actuel est atteint dans son autorité. »

M. le président du Conseil. — Mais c'est là le fond de la discussion !

M. Clémenceau. — Je ne sais, monsieur le président du Conseil, si M. le président de la Chambre vous saura gré de prendre la direction du débat, mais tant que la parole ne me sera pas ôtée, j'entends la garder.

M. le Président. — Le règlement s'exprime ainsi : — « Article 30. — La Chambre, après avoir entendu un des membres du Gouvernement, fixe, sans débats sur le fond, le jour où l'interpellation sera faite. »

« En conséquence l'orateur a le droit, mais il n'a que ce droit, de donner des raisons pour lesquelles il lui semble que l'interpellation doit être discutée aujourd'hui.

« Chacun, je le sais, a l'habitude d'interpréter le règlement en sa faveur ; moi, je ne parle que pour le règlement lui-même et pour l'impartialité. »

M. Clémenceau. — Je ne veux pas entrer dans le fond du débat, mais il m'est impossible de ne pas dire pourquoi la discussion immédiate est nécessaire.

« Je reprends donc. Je disais que le pouvoir exécutif était atteint dans son autorité, que le ministère était hors d'état de diriger actuellement la politique de la majorité républicaine et de conseiller le Président de la République.

« J'ajoute que le Parlement est muet et qu'il est entraîné, malgré lui, à laisser la direction politique à la droite.

« Nous avons déjà vu la droite faire des propositions hostiles à la République, et le Parlement obligé de les laisser faire. Il est donc nécessaire qu'il y ait discussion immédiate.

« Ce n'est pas tout. Je viens de parler du pouvoir

public, un mot maintenant de l'administration. Je ne dévoile rien.

« L'administration est dans un désordre tel en ce moment qu'on n'a rien vu de pareil. Le parquet et la préfecture de police se livrent bataille devant le public, qui compte les coups. Le Parlement met en mouvement l'action de la justice. Le ministre de la justice, sans y être convoqué, va devant la commission d'enquête pour accuser le préfet de police, couvert jusque-là par le ministre de l'intérieur.

« Le Gouvernement remplace le préfet de police sur l'injonction de la droite, sur la menace d'une interpellation de la droite.

« Le préfet de police est poursuivi, livré à la justice, et, bizarrerie singulière, il est poursuivi pour des faits qu'il nie et on refuse de le poursuivre pour des faits identiques qu'il avoue.

« On vous apporte ensuite l'étrange réquisitoire que vous avez entendu. Enfin le ministre de la justice est démissionnaire à un moment où le ministre de la justice est en quelque sorte tout le gouvernement, où toutes les idées sont concentrées sur un seul point : Y a-t-il une justice en France? Y a-t-il un citoyen au-dessus des lois? Et c'est à ce moment que le ministre de la justice disparaît, sans qu'on puisse trouver de candidat au ministère de la justice.

« Eh bien, pensez-vous qu'un pareil état de choses puisse se prolonger, qu'il soit bon pour la République qu'un tel état de choses se perpétue ?

« Quant à moi, je dis à M. le président du conseil : si vous pensez qu'il n'y a là qu'une série d'accidents et non un ensemble de faits qui doive appeler de votre part des résolutions, que ce sont là des faits ordinaires dans la vie des peuples, qu'il n'y a rien à faire, passons à l'ordre du jour et discutons le budget.

« Mais qui d'entre vous demandera cette discussion ? Comment à l'heure actuelle, nous n'avons pas encore le budget et personne n'y pense ! »

Voix au centre. — Mais tout le monde y pense.

M. Clémenceau. — Vous y pensez, mais vous n'en parlez pas, car personne n'est encore monté à la tribune pour réclamer cette discussion.

M. Lejeune. — La commission du budget est exclusivement républicaine.

M. Clémenceau. — Je dis que le gouvernement est hors d'état de demander actuellement à la Chambre la discussion du budget, parce qu'il a le sentiment qu'il faut sortir de la crise présente, que la République est abreuvée d'outrages que nous ne pouvons pas supporter et que le gouvernement doit répondre à ses calomniateurs.

« Comment ne voyez-vous pas qu'il est impossible de laisser la France dans cette situation ?

« S'il survenait un événement extérieur, que je ne prévois pas, à qui le pays s'adresserait-il, où est le drapeau ? qui le tient ? qui le porte ? où est le Gouvernement ?

« Vous voulez le silence ; pour ma part je ne puis plus attendre, je suis à bout de ma provision de patience.

« Prenez-y garde, Monsieur le président du Conseil, le silence, c'est la politique républicaine à la dérive, c'est la droite nous imposant ses volontés.

« Il faut que cet état de choses cesse ; vous voulez gagner du temps, mais c'est le temps qui nous gagne. Rappelez-vous cette parole du grand orateur de la Révolution : « Gardez-vous de demander du temps, le malheur n'attend pas. »

Ce discours avait été fréquemment interrompu par des applaudissements ou des murmures.

Après une déclaration d'un membre de la droite, M. Dugué de la Fauconnerie, on passa au vote.

Le scrutin fut des plus bruyants. Enfin le silence rétabli, M. Floquet proclama le résultat. A la majorité de 317 voix contre 228, la Chambre n'acceptait pas le renvoi de l'interpellation.

M. Rouvier se leva alors et prit la parole :

— J'ai eu l'honneur, dit-il, de déclarer à la Chambre, avant le vote, que le cabinet n'est pas en mesure de répondre à la demande d'interpellation dont la Chambre est saisie.

« La Chambre appréciera si elle doit discuter l'interpellation en l'absence du cabinet qui se retire immédiatement ou si elle préfère attendre d'autres ministres responsables. »

M. Clémenceau déclara qu'il ne pouvait interpeller un ministère absent et retira son interpellation.

Le cabinet Rouvier avait vécu.

Bien avant la séance on avait appris dans les couloirs que le Gouvernement était bien décidé à poser la question de confiance à propos de l'ajournement.

On devine quelle agitation cette nouvelle avait produit dans le salon de la Paix. Des groupes se formaient, chacun discutait et interprétait à sa façon le résultat de la journée.

M. Clémenceau, très entouré, s'était montré fort circonspect. Pourtant, comme quelqu'un lui demandait s'il n'était pas d'avis qu'on hâterait la solution de la crise en consultant le pays, le chef de l'extrême-gauche avait combattu cet avis et terminé par

cette déclaration dont les sous-entendus n'échappèrent à personne :

— C'est à M. Grévy de mettre fin à la crise en for-
mant, *s'il le peut*, un nouveau ministère. Quant à la
dissolution de la Chambre, ce serait une mesure
néfaste à laquelle je m'opposerai de toutes mes
forces.

M. Clémenceau avait deviné juste. Le Président
de la République allait se trouver dans l'impossibilité
de former un nouveau cabinet et la crise ministérielle allait devenir crise présidentielle.

En vain M. Grévy fit mander à l'Elysée les principaux docteurs politiques qu'il jugeait aptes à cal-
mer la crise. En vain il offrit à M. Clémenceau le
pouvoir sans condition ; en vain il interrogea M. Goblet, en vain il implora M. de Freycinet, en vain il
supplia M. Henry Maret ; en vain il se jeta aux pieds
de M. Rouvier, l'adjurant de reprendre son maro-
quin, la réponse de tous fut la même, une fin de non
recevoir, le refus de constituer un nouveau cabinet
ou de continuer l'ancien.

C'est qu'en effet pendant ce temps l'enquête parlementaire sur les actes de M. Wilson allait bon train
et que chaque jour des révélations nouvelles venaient
éclabousser le chef de l'Etat.

M. Grévy comprit enfin, après du reste y avoir mis le temps, que la position n'était plus tenable et, ne pouvant gouverner sans ministère, se décida à descendre du pouvoir.

Il fit annoncer aux Chambres, par M. Rouvier, chef de l'ancien cabinet, qui avait gardé l'intérim pendant la crise, qu'un message présidentiel apprendrait, le 1er décembre suivant, ses résolutions au pays.

VII

CRISE PRÉSIDENTIELLE

IL est dans l'histoire des dates qui paraissent fatidiques.

Le 2 décembre 1851, Louis Bonaparte, Président de la République, renversait la Chambre. Le 2 décembre 1887 les Chambres renversaient M. Jules Grévy, Président de la République.

La veille, jeudi 1er décembre, voici ce qui s'était passé :

Après s'être réunis au Ministère des finances, à dix heures, les ministres démissionnaires du Cabinet Rouvier, réintégrés en vertu d'une note parue le matin à l'*Officiel*, se rendirent à l'Élysée pour recevoir communication du message que M. Grévy, Président de la République, avait promis au Parlement.

Tout faisait prévoir que ce message serait un message de démission.

Nos lecteurs savent ce qui attendait les Ministres. Le Président, complètement revenu à des idées de résistance sous l'influence de sa famille, assure-t-on, les accueillit par les paroles suivantes : « Je croyais avoir à vous dire adieu, Messieurs, c'est au revoir que je vous dis. »

Puis, après avoir déclaré qu'il n'enverrait point de message aux Chambres, qu'il ne se retirait pas, M. Grévy ajouta :

— Si la Chambre veut que je me retire, qu'elle le fasse savoir par une manifestation non équivoque. Quant à moi, après ce qui s'est passé ces derniers jours, j'estime que je ne dois pas me retirer. De divers côtés du Parlement, on vient me demander de rester. Je crois donc devoir conserver mes fonctions.

Devant cette déclaration, les ministres n'avaient plus qu'à se retirer; ce qu'ils firent, remettant à nouveau leur démission entre les mains du Président de la République. M. Rouvier prévint en même temps celui-ci que, dès le début de la séance, il monterait à la tribune pour expliquer à la Chambre la situation nouvelle.

M. Rouvier rentra immédiatement au ministère des Finances, tandis que M. Fallières, ministre de l'Intérieur, envoyait au préfet de police les instructions nécessaires pour le maintien de l'ordre. Des précautions avaient d'ailleurs été prises en vue des manifestations annoncées par les révolutionnaires et par les déroulédistes. Le service d'ordre de la Chambre avait été doublé. L'Élysée, l'Hôtel-de-Ville, tous les points sur lesquels on pouvait supposer que se porteraient les manifestants, avaient été pourvus de renforts de police.

Vers midi seulement la nouvelle commença à se répandre dans les milieux politiques.

Mais dans le public, au Palais-Bourbon, où les députés, rendus matineux par la préoccupation de se voir, sinon de s'entendre, au sujet du choix du futur Président, personne ne savait rien.

Ce n'est guère que vers une heure que l'étonnante, la stupéfiante nouvelle se répandait dans les couloirs de la Chambre.

Personne n'y veut croire. M. Clémenceau déclare que ce n'est pas possible et hausse les épaules.

M. Baudry-d'Asson entre dans sa surexcitation des grands jours.

Les membres de l'extrême-gauche, une fois avisés, se consultent pour savoir quelle manifestation il convient de faire.

Une note de l'*Agence Havas* vient enfin confirmer la nouvelle. Elle est ainsi conçue :

Les ministres se sont réunis ce matin, en conseil, à l'Élysée, sous la présidence de M. Grévy.

Le Président de la République a annoncé aux membres du Cabinet que la situation s'étant modifiée, il ne ferait aujourd'hui aucune notification aux membres des deux Chambres.

M. Rouvier, président du Conseil, va faire connaître au Parlement cette décision du Président de la République, et déclarer que le Cabinet est de nouveau démissionnaire.

A la Chambre, comme au Sénat, c'est alors, jusqu'à l'ouverture de la séance, une émotion indescriptible, un brouhaha sans nom.

Au dehors du Palais-Bourbon, la foule des manifestants commence à déboucher par les quais et par le pont de la Concorde. Mais on vient pour manifester contre M. Jules Ferry. Tout à coup, la nouvelle se répand que M. Grévy reste à son poste. Deux courants d'opinion s'établissent. Les manifestants sont perplexes. Contre qui manifester maintenant ?

A deux heures s'ouvre la séance de la Chambre. M. Floquet monte à son fauteuil. Il est très calme.

La salle est bondée. Grande agitation dans l'hémicycle et dans les tribunes publiques.

M. Rouvier, président du Conseil, est à la tribune.

Il dit qu'il avait annoncé le lundi précédent, à la Chambre, que le Gouvernement serait en mesure de lui faire aujourd'hui une communication.

M. le Président de la République ayant modifié sa détermination à cet égard, M. Rouvier déclare, au nom de ses collègues, qu'ils avaient retiré leur démission dans le seul but d'apporter un message du Président de la République à la Chambre. Cette démarche se trouvant sans objet, le ministère donne de nouveau sa démission.

Cette déclaration de M. Rouvier soulève une immense manifestation. Des applaudissements prolongés éclatent sur tous les bancs de la Chambre. Leur écho ira jusqu'à l'Élysée.

M. Ricard, président de l'Union des gauches, prie la Chambre de vouloir bien s'ajourner à quatre heures.

M. de la Rochefoucauld déclare qu'il ne comprend rien à une pareille déclaration, que le Parlement ne peut attendre indéfiniment, et qu'il faut une solution immédiate.

M. Cazeaux, de la droite, dit ensuite que la Chambre s'est réunie pour assister à une solennelle déception, que cet état de choses ne peut durer, que l'on avait promis à la Chambre une déclaration.

Voix à droite :

— La démission !

— L'expulsion !

L'orateur continue et dit qu'il se rallie à la proposition de M. Ricard ; il demande que le Président de la République soit informé de la décision prise par la Chambre.

M. Floquet, président, fait observer que les ministres démissionnaires restent en fonctions jusqu'à ce qu'ils soient effectivement remplacés, et, qu'en conséquence, leur devoir, d'après la Constitution, est d'aller prévenir le Président de la République de la résolution de la Chambre.

Une demande de scrutin public, sur la proposition de M. Ricard, est repoussée. C'est par mains levées qu'elle est votée au milieu d'une violente agitation.

La séance est remise à quatre heures.

Comme au Palais-Bourbon il y a un monde fou

au Luxembourg. Comme au Palais-Bourbon, d'énergiques résolutions vont être prises.

M. Le Royer ouvre la séance à deux heures.

Les tribunes publiques regorgent de curieux. Il y a de l'orage dans l'air.

Un sénateur vient déposer un projet d'emprunt local. Il est accueilli par des « chut! » ironiques.

Enfin M. Barbey, ministre de la Marine, monte à la tribune.

Un grand mouvement d'attention se produit.

Le ministre déclare que, « contrairement à ce qui avait été formellement annoncé, M. le Président de la République a modifié sa résolution et n'a chargé le ministère d'aucune communication. (Exclamations.)

« En conséquence le Cabinet se retrouve dans la même situation que la veille, et se considère comme démissionnaire. »

M. Tolain propose que le Sénat se retire dans ses bureaux pour délibérer.

M. de Marcère demande que M. Barbey déclare si le Cabinet, bien que démissionnaire, répond de l'ordre ?

M. Barbey remonte à la tribune et dit que tant que le ministère tiendra les affaires par intérim, il fera son devoir tout entier.

8.

M. Songeon est opposé à la réunion dans les bureaux, proposée par M. Tolain.

M. Sébline lui succède. Il dit que la situation est des plus graves : le Président de la République refuse de communiquer avec nous. (Interruptions diverses. — On crie : « Il a pourtant la franchise ! » — « Et la griffe ! »)

M. Sébline termine au milieu d'un tumulte épouvantable. Il propose au Sénat de se retirer dans ses bureaux.

M. Léopold Faye, président de la gauche républicaine, demande une suspension de séance.

Il fait remarquer qu'on ne saurait se retirer dans les bureaux lorsque l'on n'a aucune proposition officielle à examiner. (Très bien ! très bien !)

Le Sénat décide que la séance sera suspendue jusqu'à quatre heures.

Pendant ce temps M. Rouvier se rendait à l'Élysée, où, conformément à l'invitation qu'il en avait reçue de la Chambre, il faisait part à M. Grévy de la résolution qui venait d'être prise par les députés de s'ajourner à quatre heures. Il lui annonçait en même temps la démission définitive du ministère.

M. Grévy répondit que le Cabinet étant démissionnaire, ne pouvait plus qu'expédier les affaires courantes, et non se charger d'une communication à faire aux Chambres.

Un entretien s'engagea ensuite. Les ministres en rapportèrent cette impression que M. Grévy n'avait encore constitué aucun nouveau Cabinet, mais qu'il voulait amener la Chambre à se livrer à une manifestation de ses sentiments.

Si cette manifestation lui était hostile, alors il démissionnerait.

Durant cette visite les groupes républicains de la Chambre se réunissaient en toute hâte dans leurs bureaux.

Les indépendants se joignent bientôt à eux, et, après délibération, tous adoptent, à l'unanimité des membres, la résolution suivante :

La Chambre, attendant la communication qui lui a été promise, s'ajourne à six heures.

Dans les couloirs, les bruits les plus divers circulent. On annonce la formation d'un ministère Andrieux-Boulanger.

Les amis particuliers de M. Grévy, auxquels on demande des renseignements, déclarent qu'ils ne comprennent rien au revirement du Président, et que, la veille au soir, le Président leur avait catégoriquement déclaré que sa démission était irrévocable.

Cependant au dehors la manifestation grossit. Sur la place de la Concorde la foule augmente d'heure en heure. On rit plutôt qu'on ne fait de tapage, mais on ne paraît pas encore informé de la situation politique.

Le pont de la Concorde est noir de monde.

Sur les piles, sur les parapets, des grappes humaines se soutiennent et se font la courte échelle.

Devant la Chambre, la foule, très serrée par une haie renforcée d'agents de police, devient houleuse et bruyante.

Un peloton de gardes municipaux à cheval charge sur le quai, du côté du ministère du Commerce.

La foule hurle; les gardes hésitent un instant à charger, mais ils chargent.

Les clameurs redoublent, mais on fait place aux chevaux.

Sur le trottoir, en face de la Chambre, au bas de la terrasse qui fait le coin de la rue de Bourgogne, plusieurs députés, nu-tête, parmi lesquels plusieurs représentants de l'extrême-gauche, sont violemment interpellés par la foule :

— Qu'est-ce que vous faites ici ?

Les abords du Palais-Bourbon le 1er décembre 1887.

— A bas Grévy !

— A bas les tripoteurs !

Enfin voici l'heure de la seconde séance. Au Luxembourg comme à la Chambre on sait la réponse que M. Grévy vient de faire à M. Rouvier. Mais tout le monde est d'accord pour un acte qui indique nettement au Président de la République la volonté du Parlement d'en finir avec les tergiversations.

Cet acte, on va l'accomplir.

M. Floquet ouvre la deuxième séance de la Chambre entre quatre heures et quatre heures et quart.

La salle est archi-comble. Tous les députés sont à leur poste. M. Viette monte à la tribune. Il dépose le projet de résolution voté dans les bureaux :

La Chambre, attendant la communication qui lui avait été promise, s'ajourne à six heures.

M. Floquet met aux voix ce projet qui est signé par les délégués de tous les groupes républicains de la Chambre.

Cette unanimité, qui constitue une imposante manifestation, provoque les bravos enthousiastes de toute la gauche.

C'est une *sommation* au Président de la République d'avoir à donner sa démission.

Le Président déclare qu'il a reçu une demande de scrutin public.

Voix diverses. — Non ! non !

Voix plus nombreuses. — Si ! si !

Le scrutin public l'emporte et les urnes circulent au milieu d'une agitation impossible à décrire.

Le renvoi de la séance à 6 heures du soir est voté par 531 voix contre 3 sur 534 votants.

La proclamation de ce résultat est saluée par des acclamations et des bravos.

A la même heure le Sénat prenait une résolution analogue par 264 voix contre 5.

M. Rouvier retourne alors à l'Élysée.

Sa conférence avec le Président de la République ne dure pas moins d'une heure et demie.

Enfin, il revient au Palais-Bourbon à six heures, et la séance est reprise pour la troisième fois.

Une vive émotion se manifeste sur tous les bancs de la Chambre, et c'est au milieu d'une véritable anxiété que l'on écoute l'ex-président du Conseil qui vient de monter à la tribune.

Il déclare à la Chambre que M. Grévy vient de prendre connaissance des deux votes semblables émis par la Chambre et le Sénat;

Qu'il lui a annoncé qu'après mûr examen, il modifiait ses résolutions ;

Que jamais il n'avait eu l'intention d'entrer en lutte avec le Parlement ;

Que le lendemain il ferait connaître à la Chambre la décision qui lui est commandée par les circonstances.

M. Floquet, président, prend alors la parole et propose à la Chambre de se réunir le lendemain, vendredi, à deux heures.

Il laisse entendre que cette fois la résolution de M. Grévy est définitive, et sa démission certaine.

Le renvoi au lendemain est voté à une immense majorité, et la séance levée.

La troisième séance du Sénat eut lieu à huit heures du soir, et M. Rouvier vint répéter au Luxembourg ce qu'il avait dit à la Chambre.

Les manifestations continuaient dans Paris.

Le vendredi 2 décembre, M. Floquet à la Chambre, et M. Le Royer au Sénat, donnaient lecture d'un message de M. Grévy, dont voici la teneur :

Messieurs les Sénateurs,
Messieurs les Députés,

« Tant que je n'ai été aux prises qu'avec les difficultés accumulées en ces derniers temps sur ma route : les attaques de la presse, l'abstention des hommes que la voix de la République appelait à mes côtés, l'impossibilité croissante de constituer un ministère, j'ai lutté et je suis resté où m'attachait mon devoir.

« Mais au moment où l'opinion publique mieux éclairée accentuait son retour et me rendait l'espoir de former un Gouvernement, le Sénat et la Chambre des Députés viennent de voter une double résolution qui, sous la forme d'un ajournement à heure fixe pour attendre un message promis, équivaut à une mise en demeure au Président de la République de résigner son pouvoir.

« Mon devoir et mon droit seraient de résister ; mais, dans les circonstances où nous sommes, un conflit entre le Pouvoir exécutif et le Parlement pourrait entraîner des conséquences qui m'arrêtent. La sagesse et le patriotisme me commandent de céder.

« Je laisse à ceux qui l'assument, la responsabilité d'un tel précédent et des événements qui pourront le suivre.

« Je descends donc sans regret, mais non sans tristesse, du pouvoir où j'ai été élevé deux fois sans le demander, et où j'ai la conscience d'avoir fait mon devoir.

« J'en appelle à la France !

« Elle dira que, pendant neuf années, mon gouvernement lui a assuré la paix, l'ordre et la liberté ; qu'il l'a fait respecter dans le monde, qu'il a travaillé sans relâche à son relèvement, et qu'au milieu de l'Europe armée il la laisse en état de défendre son honneur et ses droits ; qu'enfin, à l'intérieur, il a su maintenir la République dans la voie sage que tracent devant elle l'intérêt et la volonté du pays.

« Elle dira qu'en retour j'ai été enlevé au poste où sa confiance m'avait placé.

« En quittant la vie politique je ne forme qu'un vœu : c'est que la République ne soit pas atteinte par les coups dirigés contre moi, et qu'elle sorte triomphante des dangers qu'on lui fait courir.

« Je dépose sur le bureau de la Chambre des Députés ma démission des fonctions de Président de la République Française.

» *Le Président de la République,*
» Signé : Jules GRÉVY.

« 1er décembre 1887. »

Le silence qui accueillit la lecture du message dans les deux Assemblées était déjà une étrange condamnation.

M. Grévy parlait en plébiscitaire et non en parlementaire; en président de la constitution du 10 décembre et non en président de la constitution de 1875. Ses récriminations ne portaient pas, car elles étaient toutes en dehors du débat.

Il affectait d'ignorer les scandales privés et les abus publics de son gendre, l'existence du trafic des décorations, des lettres substituées, des scandales de tout ordre qui avaient soulevé la pudeur du pays, et il trouvait plus commode d'accuser le patriotisme des républicains des deux Chambres. Il ramenait à lui seul les services rendus au pays par le régime républicain, et oubliait sciemment que c'était le Parlement qui l'avait nommé à ses hautes fonctions.

M. Grévy ne jugea pas convenable de se retirer sans phrases, avec la dignité que ses prédécesseurs avaient montrée en descendant du pouvoir. Son départ faisait un contraste fâcheux avec celui de Cavaignac, de Thiers, de Mac-Mahon lui-même.

A cinq heures, M. Grévy quittait l'Élysée, et le drapeau qui flotte au-dessus de la porte monumentale du palais était amené. L'ex-président montait avec sa famille dans une voiture lui appartenant et se dirigeait vers l'hôtel de l'avenue d'Iéna, suivi par une seconde voiture, qui contenait les officiers de sa maison militaire. Il avait exprimé le désir que personne ne fût informé de l'heure exacte à laquelle il avait l'intention de quitter l'Élysée.

Le message était placardé dans Paris avec la plus grande rapidité. Dès quatre heures, les affiches étaient apposées dans presque tous les quartiers, et provoquaient de nombreux rassemblements. Bien que les discussions fussent parfois empreintes d'une certaine violence, il ne se produisait aucun incident. L'impression dominante était la satisfaction du départ de M. Grévy.

Tous les journaux, sauf *la Paix,* organe officieux de la Présidence, se montraient sévères pour le président démissionnaire, et regrettaient, eu égard aux services rendus par lui, de le voir sortir de l'Élysée humilié, amoindri dans sa considération et dans sa dignité.

Dans la même séance les Présidents des deux Chambres rappelaient le texte de l'article 7 de la loi constitutionnelle et de l'article 3 de la loi du 22 juillet 1879, portant convocation de l'Assemblée nationale, pour l'élection du Président de la République, et M. Le Royer, de par la Constitution président de l'Assemblée nationale, convoquait ses collègues par la circulaire suivante :

« Le président de l'Assemblée nationale a l'honneur de vous prévenir que l'Assemblée nationale se réunira le 3 décembre 1887, à deux heures, dans la salle des séances de la Chambre des députés, à Versailles.

Le président de l'Assemblée nationale,

LE ROYER. »

A la suite de la séance, une réunion plénière préparatoire des gauches avait lieu dans la salle des fêtes du Palais-Bourbon. On procéda à un scrutin pour la désignation du candidat de la réunion à la présidence de **la République**. Au premier tour, les voix s'éparpillèrent sur une dizaine de noms. M. Floquet venait en tête avec 101 voix, puis suivaient MM. de Freycinet avec 94, Brisson avec 66, Carnot avec 69. M. Ferry n'avait obtenu que 19 voix. Au second tour M. Floquet se désistait en faveur de M. de Freycinet qui obtenait 190 suffrages, tandis que M. Brisson montait à 83, et M. Sadi Carnot tombait à 27. Il n'y eut pas de troisième tour. Cette réunion, du reste, ne pouvait fournir que des indications vagues, puisque la moitié environ de la majorité républicaine du Parlement s'était tenue à l'écart. La réunion plénière, d'où devait sortir le candidat de toutes les gauches, allait avoir lieu le lendemain, 3 décembre, à Versailles.

Ainsi finissait cette journée importante et décisive peut-être pour les destinées de notre République.

Les représentants du pays, un peu forcés sans doute par l'opinion publique, devaient montrer autant de sagesse et de résolution pour le choix du nouveau Président, qu'ils en avaient mis à éliminer un Président compromis.

VIII

LE CONGRÈS DE VERSAILLES

Journée brumeuse. — Réunions plénières. — Pas de résultat. — Les Droites. — En séance. — M. Le Royer et M. Michelin. — Le scrutin. — La comédie du désistement. — M. Carnot proclamé et acclamé. — Le père et le fils.

LE 3 décembre!

Journée sombre et embrumée, au point de vue atmosphérique, mais tranquille et relativement sereine, en raison des craintes que l'on avait pu concevoir au point de vue politique.

A la vérité, par suite d'un de ces revirements d'opinion si fréquents dans les choses parlementaires, le résultat final du Congrès était en quelque sorte prévu dès le début de la séance, et ce que l'on ne saurait contester, c'est que l'élection de M. Sadi Carnot fut le signal d'une détente générale.

C'est sans doute même parce que le succès du nouveau président parut se dessiner tout de suite, que le calme rentra bientôt dans quelques esprits surchauffés à l'avance, et que, sauf des cris isolés, il ne se produisit, à proprement parler, aucune manifestation tumultueuse.

Cette journée parlementaire commença à neuf heures du matin par la réunion plénière des républicains de la Chambre et du Sénat, qui se tint au théâtre des Variétés, près du château, dans une rue en contre-bas de l'avenue de Sceaux, et qu'on avait, pour la circonstance, surmonté d'un drapeau tricolore.

La réunion, présidée par M. Pierre Blanc, député de la Savoie, doyen d'âge de la Chambre, eut lieu sans discussion préalable sur la personne des candidats.

Ouvert à neuf heures, le premier tour de scrutin fut clos à dix heures.

Un quart d'heure suffit pour le dépouillement, dont le résultat fut celui-ci :

Votants............	552	
*MM. Jules Ferry........	200	voix
De Freycinet.......	192	
Henri Brisson......	81	
Sadi Carnot........	69	
Saussier...........	7	
Floquet...........	1	
Ribot.............	1	
Bulletin blanc......	1	

* Voir à la fin du volume, la Note IV. Page 261 et 264.

Devant ce résultat, MM. Clémenceau, Goblet et Ernest Lefèvre décidèrent d'aller demander à M. Brisson de vouloir bien se désister en faveur de M. de Freycinet.

Mais M. Brisson refusa.

Le scrutin pour le second tour fut alors ouvert sans modification dans les candidatures, et le dépouillement, terminé à onze heures passées, donna les chiffres suivants :

Votants	553
MM. Jules Ferry.	216 voix
De Freycinet.	196
Brisson.	79
Sadi Carnot.	61
Bulletin blanc.	1

A ce moment, afin de permettre aux membres du Congrès d'aller déjeuner, le troisième tour fut renvoyé à une heure de l'après-midi.

Dans l'intervalle, MM. Clémenceau, Lockroy, de Lanessan et Naquet engageaient de nouvelles négociations en vue d'arriver à une entente sur le nom d'un candidat unique.

Mais l'accord ne semblait pas devoir se faire encore, l'Extrême-gauche, notamment, se divise, et une grande partie de ses membres décidèrent de voter maintenant pour M. Sadi Carnot.

Bref, le scrutin fut ouvert pour la troisième fois et voici ce qu'il donna :

<pre>
              Votants............   505
    MM. Jules Ferry........   179 voix
         Sadi Carnot........   162
         De Freycinet.......   109
         Brisson............   52
         Bulletins blancs.....   3
</pre>

Un quatrième tour de scrutin fut encore tenté.

Mais nous ne le mentionnons que pour mémoire, car la plupart des députés et sénateurs n'y prirent aucune part.

Dès le matin, et pendant qu'on dépouillait le premier scrutin de la réunion plénière, les membres du Congrès avaient commencé à se rendre dans la salle de l'Assemblée nationale pour choisir leurs places, et déjà, dans les couloirs et la fameuse galerie des Tombeaux, des groupes se formaient, où l'on supputait les chances de chaque candidat.

Ensuite, députés et sénateurs retournaient les uns après les autres à la réunion plénière, puis revenaient encore dans les couloirs, de sorte qu'il s'établit une sorte de va-et-vient continuel entre le théâtre des Variétés et le château.

Au milieu de tous, on remarquait les ministres députés ou sénateurs, entre autres, MM. Rouvier, Spuller, de Hérédia.

Seuls, MM. Flourens et le général Ferron, qui n'étaient point membres du Parlement, étaient restés à Paris pour représenter le gouvernement.

Les Droites de la Chambre et du Sénat s'étaient également réunies, avant la séance, mais séparément — car elles sont divisées.

Dans une précédente réunion plénière tenue à Paris, M. Bocher, sénateur et conseiller de M. le comte de Paris, avait déclaré, en une manière de discours, que la Droite du Sénat avait décidé de voter pour le général Saussier, déclarant « que son choix avait été déterminé par le caractère foncièrement honnête et loyal de ce glorieux soldat, en même temps que par ses opinions politiques modérées*. »

M. Bocher ajoutait qu'en votant pour un républicain avéré, la Droite du Sénat montrerait qu'elle ne faisait point d'opposition systématique au gouvernement.

Mais M. Jolibois, président de l'Appel au peuple de la Chambre, combattit énergiquement le choix du général Saussier, et soutint celui qui avait été fait

* Voir à la fin du volume, la Note IV. Page 267.

par les bonapartistes du Palais-Bourbon, du général Appert, ancien ambassadeur de France en Russie*.

Le débat devint alors assez vif, chacun des orateurs maintenant son candidat préféré, et la réunion dut prendre fin sans qu'aucune résolution fût prise.

Il résulta, toutefois, de cette conférence, que le général Saussier serait le candidat de la Droite monarchique, mais que les bonapartistes voteraient pour le général Appert.

Rappelons, pour en terminer avec les Droites, qu'en dehors de cette divergence, un certain nombre de députés de la minorité réactionnaire s'étaient séparés de leurs amis. Tel Mgr Freppel qui s'était prononcé en faveur de M. Jules Ferry.

Le Congrès s'ouvrit dans la salle des séances sous la présidence de M. Le Royer.

Huit cent quatre-vingt-six membres étaient présents.

Il était deux heures cinq de l'après-midi.

M. Le Royer se leva et dit :

Messieurs,

« Vu les procès-verbaux des séances du Sénat et de la Chambre des députés, du 2 décembre 1887, cons-

---

* Voir à la fin du volume, la Note IV. Page 271.

M. Le Royer ouvrant la séance du Congrès de Versailles.
(Croquis d'après nature de M. de Grigny).

tatant que M. Jules Grévy a donné sa démission de président de la République ;

« Vu l'article 7 de la loi du 25 février 1875 ainsi conçu : « En cas de vacance par décès ou pour toute « autre cause, les deux Chambres réunies procèdent « immédiatement à l'élection d'un nouveau prési- « dent. Dans l'intervalle, le conseil des ministres est « investi du pouvoir exécutif » ;

« Vu l'article 2 de la même loi ainsi conçu : « Le « président de la République est élu à la majorité « absolue des suffrages par le Sénat et la Chambre « des députés réunis en Assemblée nationale. Il est « nommé pour sept ans. Il est rééligible » ;

« Vu le paragraphe 2 de l'article 11 de la loi constitutionnelle du 16 juillet 1875, ainsi conçu : « Lorsque les deux Chambres se réunissent en As- « semblée nationale, leur bureau se compose des « président, vice-présidents et secrétaires du Sénat » ;

« Je déclare l'Assemblée nationale constituée pour l'élection du président de la République. Le scrutin aura lieu à la tribune par appel nominal. Il va être procédé au tirage au sort de 36 scrutateurs, plus 12 scrutateurs supplémentaires. »

A ce moment, M. Michelin demande la parole. M. le président lui répond :

— Aux termes de la Constitution, l'Assemblée nationale n'est réunie que pour procéder à l'élection du président de la République.

M. Gaulier. — Elle est souveraine.

M. Paul de Cassagnac. — L'Assemblée nationale est souveraine. Vous êtes son serviteur et non pas son maître.

M. le président. — Respectez la Constitution.

M. de Baudry d'Asson. — Il n'y a plus de Constitution. M. Grévy l'a avoué dans son Message.

M. Michelin. — Vous ne pouvez me refuser la parole sans usurper sur la souveraineté nationale. Je proteste. (Bruit.)

M. le président. — Avant de faire procéder à l'appel nominal, je vais tirer au sort les 36 scrutateurs et les 12 scrutateurs suppléants qui devront procéder au dépouillement.

Sans tarder, un huissier dépose l'urne des scrutins sur la tribune, et le président tire au sort les noms des scrutateurs, parmi lesquels se trouvent MM. Wilson et Albert Grévy. Cette coïncidence provoque un certain mouvement sur tous les bancs.

L'appel nominal commence enfin. Il s'effectue par lettres, selon l'usage. C'est la lettre P qui est appelée la première. M. Papinaud en tête dépose son bulletin.

Autre coïncidence bizarre : lorsqu'on arrive à la lettre F, le hasard place M. Ferry et M. de Freycinet à côté l'un de l'autre. Ils échangent des paroles de courtoisie :

— Monsieur, passez donc le premier, je vous en prie!

— Je n'en ferai rien, mon cher collègue, je viendrai après vous.

Après le vote le dépouillement.

Chose curieuse, ces votes qui contiennent le sort de tout un pays sont à peine surveillés. Tout, ou presque tout, est confié aux huissiers.

D'abord, l'urne n'est pas fermée, c'est une grosse sphère, peinte en vert, de 30 centimètres de diamètre, avec un pied et une embouchure où l'on peut très aisément passer la main et une partie du bras.

Cette urne est passée très simplement de la tribune à la table des secrétaires.

Là M. Loubet, sénateur, et un secrétaire adjoint plongent alternativement les mains dans cette urne et en retirent des paquets d'enveloppes enchevêtrées les unes dans les autres, qui tombent plus ou moins à droite et à gauche. Douze corbeilles plates et ouvertes sont préparées; on compte 70 bulletins dans les onze premières et 81 dans la dernière; soit 851 bulletins. Il y a même une erreur, car le contrôle des boules donne 852 votants. Il y a donc une corbeille qui contient 71 bulletins au lieu de 70.

Au fur et à mesure qu'une corbeille est remplie, un employé de la questure y jette une feuille de papier où il écrit 1er, 2e, 3e, 12e table de scrutateurs.

Ces corbeilles sont passées ensuite à un huissier qui les empile l'une dans l'autre. Toujours pas de contrôle de la part des honorables. Il est vrai que le président est là-haut à son banc et que le secrétaire compte toujours ses bulletins dans les corbeilles. Mais tout de même l'huissier est bien isolé avec ces bulletins. A Venise, les bulletins qui élisaient le doge étaient mieux surveillés probablement.

Enfin, les 12 corbeilles qui contiennent le nom du président élu sont portées, empilées à travers la foule des députés dans le long couloir des Tombeaux. Comment tout cela n'est-il pas culbuté? L'huissier qui porte Sadi Carnot et sa fortune a de la peine à se frayer un passage. Il est suivi de trois autres très décorés avec chaine au cou. Pas un membre du bureau n'est présent.

Enfin, les corbeilles arrivent au port, c'est-à-dire

à la salle du dépouillement. Les douze tables sont prêtes, entourées des scrutateurs, trois par table et un autre supplémentaire. La besogne est vite faite.

Toutes ces opérations ne sont terminées qu'à cinq heures. A ce moment, tous les députés ont repris leur place et M. Le Royer proclame immédiatement les résultats :

Nombre des votants......... 852
Bulletins blancs ou nuls...... 3
Suffrages exprimés.......... 847
Majorité absolue........... 425

Ont obtenu :

MM. Sadi Carnot.............. 303 suffrages
Jules Ferry............... 212
Le général Saussier........ 148
De Freycinet............. 76
Le général Appert........ 72
Henri Brisson............ 26
Floquet.................. 5
Anatole de la Forge........ 2
Félix Pyat............... 2
Pasteur................. 2
Spuller 1

Aucun des candidats n'a obtenu la majorité. Il est donc nécessaire de procéder à un second tour de scrutin.

Immédiatement après la proclamation du scrutin, en séance, on annonce d'une part que M. de Freycinet, sénateur de la Seine, se désiste en faveur de M. Carnot, malgré que beaucoup de ses amis insistent auprès de lui pour qu'il maintienne sa candidature.

En même temps, on apprend que M. Jules Ferry vient de réunir ses amis du groupe de l'Union des Gauches et leur a dit :

— Je vous remercie des suffrages que vous m'avez donnés ; en présence du résultat du scrutin et dans l'intérêt du parti républicain, je me désiste en vous priant de reporter vos suffrages sur M. Sadi Carnot, en faveur de qui je vais voter tout le premier.

Aussitôt, le groupe a voté une résolution « félicitant M. Jules Ferry de son désistement patriotique, et décidant que, conformément à sa demande, il votera au second tour pour M. Sadi Carnot. »

M. Jules Ferry rentre alors dans la salle des séances, et, se dirigeant vers M. Carnot, lui serre ostensiblement les mains, en lui disant :

— Mon cher Sadi, je viens vous dire que je vous

félicite tout le premier de votre succès et que je me dispose à voter pour vous!

. Les paroles de M. Ferry soulèvent autour de lui quelques applaudissements. On reprend ensuite le scrutin avec les mêmes formalités.

Le dépouillement est terminé à six heures et demie environ. Le président le proclame :

    Nombre des votants........ 842
    Bulletins blancs ou nuls......   15
    Suffrages exprimés.......... 827
    Majorité absolue........... 414

A obtenu :

    M. Carnot........   616 suffrages

Spontanément, comme mue par un ressort, la Gauche à peu près entière se lève, applaudit par trois fois en criant : « Vive la République! » La droite contemple cette manifestation sans irritation. Un seul de ses membres lance une interruption : « C'est faire contre mauvaise fortune bon cœur! » Ces paroles inoffensives provoquent, on le devine, une nouvelle salve d'applaudissements.

Dans la tribune diplomatique, on voit tous les attachés d'ambassade s'empresser de télégraphier à leur gouvernement le nom du nouveau chef de l'État.

M. Le Royer fait connaître les suffrages attribués aux autres candidats :

MM.	le général Saussier	188
	Jules Ferry	11
	Le général Appert	5
	De Freycinet	5
	Floquet	1
	Félix Pyat	1

— M. Sadi Carnot, dit le président, ayant obtenu la majorité des suffrages, je le proclame président de la République française pour sept années.

Pour la troisième fois, la Gauche entière debout, acclame l'élu de l'Assemblée nationale et se sépare aux cris de : « Vive la République! »

Il est six heures quarante-cinq.

Pour se dérober aux ovations qui devaient saluer la proclamation de son nom, le nouvel élu, raconte le *Paris,* se tenait à l'écart, seul, dans l'un des salons proche la galerie des Bustes.

Dans la joie de ces lourds triomphes, qui ne va jamais sans quelque amertume, il songeait aux responsabilités que lui créait devant l'histoire sa gloire si soudaine.

Tous ses amis se pressaient dans la salle des séances, à leurs bancs, dans les couloirs, autour des urnes. Dans sa solitude volontaire, le cœur plein de patriotiques angoisses, il évaluait les difficultés de la tâche pour laquelle le suffrage d'un peuple le désignait spontanément.

Tout à coup, il se sentit violemment pressé; deux bras entouraient son cou, deux lèvres se posaient sur son front. C'était son père qui, entré à l'improviste, le couvrait de baisers :

— Quelle joie pour moi, cher enfant!

Il avait le droit d'être fier, en effet, le vieillard si justement soucieux de la renommée de son grand nom. La monarchie héréditaire n'a pas toujours eu la bonne fortune, malgré ses lois, de voir se succéder trois des siens, sans interruption, de père en fils.

IX

APRÈS LE CONGRÈS

Sɪᴛᴏᴛ la séance du Congrès levée, M. Carnot
s'était retiré dans le cabinet du président de
l'Assemblée nationale où un huissier, jugeant son
élection assurée, avait de sa propre initiative porté
à l'avance son chapeau et son pardessus.

Peu après, M. Le Royer et tous les membres du
gouvernement, précédés de dix huissiers, modernes
licteurs, se rendirent auprès du nouveau président
de la République. M. Floquet s'était joint au cortège officiel.

M. Le Royer annonça à M. Sadi Carnot sa nomination aux fonctions de président de la République et le félicita de son succès.

M. Rouvier, en qualité de chef intérimaire du pouvoir exécutif, remit au nouvel élu l'ampliation du procès-verbal de la séance du Congrès. Il déclara qu'il était heureux d'être un des premiers à féliciter M. Sadi Carnot, surtout à raison des conditions dans lesquelles son élection s'était accomplie.

— Je suis heureux de constater, ajouta M. Rouvier, qu'elle a réalisé le groupement des républicains et je vois dans ce fait considérable un gage de prospérité pour la Patrie et la République.

M. Sadi Carnot, très ému, répondit en ces termes :

« Messieurs,

» Je vous remercie profondément des félicitations et des sentiments que vous voulez bien m'exprimer.

» Je suis pénétré de reconnaissance envers les membres de l'Assemblée nationale qui, en réunissant leurs suffrages sur mon nom, ont si hautement témoigné du désir de pacification et de concorde dont la France républicaine est animée. Mon vœu le plus cher est que cette grande journée reste présente à tous les esprits et à tous les cœurs. Elle signifie que les représentants de la France savent s'unir.

Leurs efforts communs peuvent et doivent assurer la Constitution et la marche régulière d'un gouvernement stable, actif et capable de donner à la nation, avec la liberté au dedans et la dignité au dehors, tous les bienfaits que notre pays attend de la République. Encore une fois, merci, messieurs, vous pouvez compter sur tout mon dévouement. »

M. Carnot reçut encore le général Raison, commandant la division de Versailles.

Enfin, certains journalistes, ayant manifesté le désir d'avoir communication des paroles prononcées par le président de la République en réponse à M. Rouvier, M. Carnot, après les avoir reproduites en les dictant à M. Spuller, tint à remettre lui-même la copie aux représentants de la Presse. Et comme ceux-ci le félicitaient de son élection, M. Carnot répondit :

— Je vous remercie de vos félicitations. Je compte que la presse m'aidera dans l'œuvre d'apaisement que nous désirons tous.

La cérémonie de la transmission des pouvoirs était finie. M. Sadi Carnot, suivi des ministres, se rendit dans la cour d'honneur et monta dans la voiture du président du conseil.

Trois escadrons de cuirassiers, commandés par le général Ladvocat, commandant la place de Versailles, formaient l'escorte. Le président de la République, accompagné des membres du gouvernement, se rendit à l'Élysée pour prendre possession de sa nouvelle demeure.

M. Sadi Carnot avait quitté Versailles à sept heures et quart, dans la voiture de M. Rouvier. MM. Dautresme, Barbe et Étienne suivaient dans d'autres voitures. Au pont de Sèvres, l'escorte de cuirassiers fut remplacée par une autre, également composée de trois escadrons, appartenant à la garnison de Paris.

A neuf heures du soir, le cortège présidentiel, qui avait suivi l'avenue de l'Alma et l'avenue Montaigne, débouchait par l'avenue Marigny dans le faubourg Saint-Honoré où l'escorte se rangea, tandis que la voiture du président pénétrait dans la cour du Palais de l'Élysée, où un bataillon d'infanterie présentait les armes en même temps que les clairons sonnaient aux champs.

Le président de la République était attendu sur le perron précédant le Salon d'honneur par MM. Fallières, ministre de l'intérieur; Ferron, ministre de la guerre; Barbey, ministre de la marine; le général

Brugère, les colonels Cance et Lichtenstein, le capitaine Moinier et le lieutenant Luccioni.

Après avoir présenté à M. Carnot MM. Flourens et le général Ferron qui n'avaient pas assisté à la séance du Congrès, M. Rouvier remit, suivant l'usage, entre les mains du président de la République la démission collective du cabinet. M. Carnot pria les ministres d'expédier les affaires courantes jusqu'à la désignation de leurs successeurs.

Puis il s'entretint quelques instants dans le Salon d'honneur avec les personnes présentes et se rendit, accompagné du général Brugère, à l'hôtel de l'avenue d'Iéna, pour rendre visite à M. Jules Grévy, qu'il avait fait prévenir.

A neuf heures un quart il quittait son prédécesseur pour rentrer à son domicile, 25, rue des Bassins, à Passy.

Mme Carnot n'avait pas accompagné son mari à Versailles. Mais elle avait été tenue au courant de toutes les péripéties du scrutin par des envoyés spéciaux venant de l'Élysée où les nouvelles étaient centralisées par téléphone.

Elle aurait pu, du reste, se passer de ces communications officielles, car, dès cinq heures du soir (c'est la nature humaine), il y avait eu tant de visiteurs chez M. Carnot qu'il était évident que son élection ne faisait plus aucun doute.

Cette affluence ne fit, bien entendu, que s'accroître dans la soirée. Aussi, lorsque M. Carnot rentra chez lui vers neuf heures et demie, fatigué et surtout très affamé, car il n'avait pas encore trouvé le temps de dîner, se vit-il entouré et surtout fort complimenté. Il tint d'abord vaillamment tête, mais à dix heures il fit définitivement défendre sa porte.

Or, vers huit heures et demie du soir, partait de la rue Montmartre une longue colonne, forte de deux ou trois mille hommes, dont le premier portait un drapeau tricolore. Elle suivit les grands boulevards, la rue Royale, le faubourg Saint-Honoré, la rue Boissy-d'Anglas, l'avenue des Champs-Élysées et gagna la rue des Bassins.

— Vive Sadi Carnot!

Et longtemps on acclame le nouveau président, espérant qu'il se montrera.

On finit par croire qu'il est absent et l'on commence à se retirer, lorsque des voisins répandent le bruit qu'il est là. Toute la bande revient alors en toute hâte devant le n° 25, et crie si fort, que M. Carnot est bien contraint de se montrer.

Il apparaît à une des fenêtres tout à fait à gauche

M. Hippolyte Carnot, embrassant son fils après son élection
à la présidence.
(Croquis d'après nature de M. de Grigny).

de la maison. Le porte-drapeau lui adresse quelques paroles qui se perdent au milieu du bruit.

Alors le nouveau président fait signe qu'il va répondre.

Un grand silence se fait.

Le nouveau Président dit :

— Je vous remercie, mes chers concitoyens, mais regagnez vos domiciles, je vous en prie. En restant calmes, vous vous montrerez dignes de la République.

Les acclamations redoublent et M. Carnot salue plusieurs fois.

Puis la lumière disparaît de la pièce où il se trouvait et on ne voit plus rien.

On continue néanmoins à crier : « Vive Carnot! » mais la manifestation se retire et revient dans l'intérieur de Paris, en passant sous l'Arc de Triomphe.

Et jusque passé minuit on n'entendit que ce cri, répété un peu partout dans Paris :

— Vive Carnot! A bas Ferry!

C'est le dimanche 4 décembre 1887, à onze heures du matin, que le Président de la République arriva au Palais de l'Élysée avec Mme Sadi Carnot.

Le général Brugère, chef de la maison militaire de M. Grévy, les accompagnait.

M. le président de la République resta environ une heure à l'Élysée. Il reçut plusieurs visites de personnages politiques, notamment M. Peytral, président de la commission du budget; M. le général de Menabrea, ambassadeur d'Italie, et M. Lardy, ministre de Suisse.

A midi, M. le Président retourna déjeuner rue des Bassins. Il revint à l'Élysée à deux heures avec Mme Sadi Carnot et son plus jeune fils, François, et y demeura jusqu'à sept heures.

A deux heures et quart, M. Jules Grévy se présentait à l'Élysée. Il adressa ses félicitations au nouveau président et ajouta que, s'il lui avait été permis de fixer lui-même le choix de son successeur, il se fût arrêté sur le nom de M. Carnot, comme le plus digne d'occuper les hautes fonctions de président de la République.

Après le départ de M. Jules Grévy, M. Carnot donna audience à de nombreuses notabilités politiques, notamment à MM. de Freycinet, Brisson, Le Royer.

Un grand nombre de membres des Chambres et du corps diplomatique vinrent également s'inscrire à la présidence ou présenter leurs hommages.

Toutefois il faut remarquer que les visites des

membres du corps diplomatique ne pouvaient avoir qu'un caractère privé.

M. Carnot ne devait les recevoir officiellement qu'après que le ministre des Affaires étrangères aurait fait notifier par tous les représentants aux puissances étrangères l'élection du nouveau président de la République.

Le ministre des Affaires étrangères fut vivement félicité du prompt et heureux dénouement de la crise présidentielle par les ambassadeurs d'Allemagne et de Russie.

Après les réceptions, M. Carnot reçut les ministres.

M. Rouvier, président du conseil, adressa au président de la République les paroles suivantes :

— Monsieur le Président, conformément aux prescriptions de la loi constitutionnelle, le cabinet a l'honneur de remettre en vos mains les pouvoirs dont il était provisoirement nanti.

« Comme président du conseil, j'ai l'honneur de vous remettre également, ainsi qu'il est d'usage de le faire, la démission des membres du cabinet.

— C'est là, messieurs, une simple formalité, répondit M. Carnot.

M. Rouvier ajouta alors :

— C'est une formalité nécessaire, car il est indispensable que le chef de l'État ait toute liberté pour appeler auprès de lui les hommes qu'il estime le mieux en situation de former un cabinet.

— Soit donc, messieurs, dit M. Carnot, j'accepte votre démission, puisque les règles parlementaires veulent qu'il en soit ainsi.

Le président de la République félicita ensuite le cabinet de l'attitude qu'il avait su conserver pendant les difficultés de la situation que nous venions de traverser, et il ajouta que cette attitude avait été très appréciée par le Parlement.

Le *Journal officiel* rendit compte de cette entrevue en ces termes :

« Les ministres ont remis aujourd'hui entre les mains de M. le président de la République leur démission et celle de M. le sous-secrétaire d'État au ministère de la marine et des colonies, M. le président de la République les a priés de garder leurs fonctions pour l'expédition des affaires. »

M. Carnot, par le fait de son élévation au suprême pouvoir, devenait grand-maître de la Légion d'honneur.

C'est le 5 décembre qu'il fut fait grand-croix.

M. Grévy avait confié à la garde du général Brugère, avant de quitter l'Élysée, le grand-collier de l'Ordre de la Légion d'honneur.

Ce grand-collier a été fabriqué en 1880.

Il porte dix-sept médailles en or et un grand médaillon en émail bleu où se trouvent les lettres R. F. ; à ce grand médaillon est attachée la croix du grand-collier.

C'est M. Jules Grévy qui le premier a porté ce collier et son nom est gravé derrière le médaillon du haut, avec le nom du grand-chancelier de l'Ordre, le général Faidherbe ; les autres médaillons doivent porter plus tard les noms des présidents qui se succéderont et seront de droit grands-maîtres de l'Ordre.

Il n'y a eu jusqu'ici que trois grand-colliers ; l'un qui était porté par Napoléon III, le second qui a appartenu à la famille Murat et qui a disparu, à moins qu'il ne soit encore entre les mains d'un membre de cette famille qui le conserve comme une relique. On ignorait ce qu'était devenu le troisième grand-collier, quand on fut tout surpris de le voir porter par l'empereur d'Autriche en 1867. C'était, en effet, à François Iᵉʳ, père de Marie-Louise, qu'il avait été donné par Napoléon Iᵉʳ, lors de son mariage avec Marie-Louise ; il est resté depuis ce temps dans la famille impériale d'Autriche.

Le lendemain, commencèrent à affluer les félicitations. Le tzar tint à adresser lui-même un télégramme à M. Carnot.

A ce propos, mentionnons une manifestation sympathique qui eut lieu devant l'ambassade de Russie : M. de Morenheim avait immédiatement fait connaître à son gouvernement cette démonstration de la population parisienne en sa faveur. Le gouvernement russe, de son côté, en témoigna par dépêche toute sa satisfaction.

Parmi les télégrammes de félicitations reçus par M. Carnot, signalons celui du général Boulanger qui, « à titre d'ancien collègue au ministère, offrait à M. Carnot ses respectueuses et très cordiales félicitations »

C'est le samedi 10 décembre, à trois heures, qu'eut enfin lieu la présentation officielle du corps diplomatique au nouveau président de la République.

Les ambassadeurs et le personnel de leurs ambassades avaient été conduits au Palais de la présidence par M. Molard, l'introducteur des ambassadeurs et un aide des cérémonies, dans les voitures de la présidence escortées par un escadron de dragons, sabre au clair.

Un bataillon de la garde républicaine en grande tenue de service, commandé par le colonel, était rangé dans la cour d'honneur du palais et, au moment de leur arrivée, le tambour battait aux champs tandis que la troupe présentait les armes.

Le président de la République attendait dans la grande salle des fêtes, ayant à ses côtés M. Flourens, ministre intérimaire des affaires étrangères et entouré des officiers de sa maison militaire.

Les ambassadeurs se rangèrent en demi-cercle, ayant derrière eux leurs secrétaires et les attachés militaires.

S. Exc. Mgr Rotelli, nonce apostolique et doyen du corps diplomatique, présenta ses collègues à M. le président de la République et s'exprima en ces termes :

« Monsieur le Président,

« Je m'estime heureux de pouvoir vous exprimer les félicitations très respectueuses que le corps diplomatique a l'honneur de vous offrir pour votre élection à la première magistrature de la république française.

« Nous formons les vœux les plus sincères pour votre bonheur en particulier et pour la prospérité de votre noble pays.

« J'appelle aussi les bénédictions de Dieu sur votre illustre personne, Monsieur le Président, et sur les commencements de votre haute administration, pour le bien-être constant de la nation française. »

M. Carnot lui répondit :

« Je suis profondément touché des sentiments que vient d'exprimer l'éminent interprète du corps diplomatique.

« Je le remercie des félicitations qu'il m'a transmises et des vœux qu'il forme pour la France.

« Je sais la part qui revient au corps diplomatique dans les bonnes relations que le gouvernement de la République entretient avec les autres puissances. Je suis heureux de lui en exprimer ma gratitude et d'entrer en rapports avec lui. »

M. Carnot s'approcha ensuite de chaque ambassadeur, qui lui présenta le personnel de son ambassade.

Puis, le président de la République se retira dans

un salon voisin, où les membres du corps diplomatique vinrent lui offrir leurs félicitations.

A trois heures et demie, la réception était terminée.

Les ambassadeurs furent reconduits à leurs ambassades respectives avec le même cérémonial.

C'est à tort que certains journaux prématurément informés avaient annoncé des mutations importantes dans le personnel des officiers composant le personnel de la maison militaire du nouveau Président.

M. le général Brugère reste chargé des hautes fonctions de secrétaire général de la présidence. Un arrêté qui nommait M. le colonel Lichtenstein à une perception à Paris a été rapporté. Seul M. le colonel Cance, commandant militaire du Palais de l'Élysée, fut mis à la retraite et remplacé dans ses fonctions par M. le capitaine Noël, un de nos plus brillants officiers d'artillerie.

On sait qu'une des prérogatives du Président de la République, la plus douce peut-être à exercer, est le droit de grâce.

M. Carnot, en usant pour la première fois, a commué la peine de mort prononcée par le conseil de guerre du onzième corps, séant à Nantes, contre le nommé Monnier, cavalier au deuxième chasseurs à cheval, en quinze ans de détention avec dégradation militaire.

Ce soldat s'était rendu coupable de voies de fait envers un supérieur, à l'occasion du service.

Du reste, dès son avènement à la Présidence, M. Carnot avait reçu de M. Basly, député de la Seine, une lettre rendue publique, dans laquelle il demandait son intervention en faveur des mineurs condamnés lors de la grève de Decazeville. M. le Président a répondu qu'il la transmettait au Garde des sceaux.

Donnons, pour clore ce chapitre, quelques renseignements sur la façon de vivre du nouveau Président de la République.

M. Carnot tient à être au courant, non seulement de l'opinion de tous les journaux de France et de l'Europe, mais aussi des divers bruits relatifs à sa personne qui peuvent y figurer. C'est le contraire de M. Jules Grévy, qui affectait de ne lire que le *Journal des Débats* et aussi le *Times*, dont il faisait traduire la partie relative à la France.

M. S. Carnot se couche tard et se lève de bonne heure. Il veut tout voir par lui-même : rapports, mémoires, pétitions, et jusqu'aux simples lettres, que son prédécesseur faisait dépouiller par ses secrétaires.

Cependant M. Carnot, qui dicte plutôt qu'il n'écrit, a conservé le même personnel que son prédécesseur, qui se composait, pour son cabinet, d'un secrétaire général et de trois sous-secrétaires. Le nombre des huissiers est resté le même que sous M. J. Grévy.

M. J. Grévy déjeunait à midi et dînait à sept heures; M. S. Carnot déjeune sommairement entre dix et onze heures et dîne à sept.

Après son dîner, il fait habituellement, en compagnie de Mme S. Carnot, une visite à son père, rue La Boëtie, où il se rencontre avec les autres membres de sa famille.

Disons enfin, pour terminer, et d'après certains renseignements que donne M. Milliard, que M. et Mme Carnot père et mère possèdent deux châteaux : l'un, appartenant en propre à Mme Carnot, est le château de Chabanais; l'autre, le château de Presle, situé dans la jolie vallée de l'Essonnes, à quelques heures de Paris, et qui n'est séparé de la petite ville de la Ferté-Alais que par la rivière.

Pendant la Révolution, il devint la propriété de l'illustre Carnot, membre du Directoire, et fut vendu par lui alors qu'il était en exil à Magdebourg.

11.

En 1837, il fut racheté par M. Hippolyte Carnot, père de M. le président de la République.

Depuis cette époque, c'est-à-dire depuis cinquante ans, la propriété de Presle n'a cessé d'être habitée, une partie de la belle saison, par M. et Mme Carnot et leurs enfants.

D'après un arrangement de famille, la propriété de Presle est destinée à M. Sadi Carnot, et celle de Chabanais à M. Adolphe, son frère.

Le Président de la République a quatre enfants. Sa fille est mariée à M. Paul Cunisset, avocat général à la Cour de Dijon. Ce gendre n'est pas député. Son fils aîné, Sadi, sorti de Saint-Cyr, est sous-lieutenant au 27e régiment d'infanterie qui tient en ce moment garnison dans la même ville. Ses deux autres fils font leurs études à Paris. L'un, Ernest, suit les cours de l'École des Mines; son frère, François, est élève du collège Janson de Sailly.

X

M. CARNOT ET L'OPINION

Unanimité de la Presse républicaine. — Journaux de Paris. — Opinion en province. — A l'étranger.

LA Presse tout entière fut unanime, ainsi qu'on va le voir, à saluer l'accès au fauteuil présidentiel de M. Sadi Carnot. Bien entendu, nous ne parlons ici que de la Presse républicaine.

La Presse monarchique dissimulait mal le désappointement que lui causait l'élection de M. Carnot par le vote unanime des républicains de la Chambre et du Sénat. Elle se rendait parfaitement compte des garanties nouvelles de durée, de force, de sécurité, que la République puisait dans l'élection d'un homme entouré de l'estime et de la considération universelle, républicain de conviction et de tradition.

Elle avait compté sur la nomination de M. Jules Ferry, candidat de combat, pour diviser encore plus profondément le parti républicain, et alors qu'elle s'en donnait à cœur joie de tuer la « gueuse », de l'enterrer, cette petite débauche était brusquement interrompue. Quelques-uns même des journaux qui s'étaient montrés les plus violents, laissaient échapper l'aveu que « c'était un grave échec pour les espérances monarchiques ».

Cette étude serait incomplète, si nous ne citions quelques fragments des principaux articles des leaders parisiens et si nous ne donnions quelques détails sur l'opinion en province et à l'étranger, au lendemain du Congrès de Versailles.

Le Temps s'exprime ainsi dans deux articles successifs :

« La journée d'hier a donné les résultats que nous avions prévus : M. Sadi Carnot, dont la candidature n'était en quelque sorte pas posée, a réuni au premier tour la majorité et au second tour l'unanimité des suffrages républicains.

« … Son nom a produit spontanément cet accord si désirable, parce que son triomphe n'était celui d'aucune fraction, nous dirions presque d'aucune faction de la gauche. Avec lui, on était certain qu'il n'y aurait ni vainqueurs ni vaincus, mais des répu-

blicains également heureux de s'unir autour de l'un
des plus incontestables d'entre eux. La grandeur du
nom qu'il porte, les services rendus à notre cause
par son respectable père, qui assistait avec une modeste fierté à son succès, les souvenirs de travail et
d'intégrité qu'il a laissés dans les ministères dont il
a fait partie, la régularité et la correction d'une existence qui a commencé non sans un certain éclat
dans les grandes écoles de l'État, pour se continuer
avec distinction dans l'administration et le gouvernement, enfin l'avantage d'être resté constamment
fidèle aux opinions moyennes qui sont l'honneur de
sa famille, tout cela le rendait éminemment propre
à représenter la République française, au moment
où elle va célébrer le centenaire de la Révolution
de 89. On ne l'a évidemment pas choisi à cause de
son nom, mais on doit se féliciter de la coïncidence,
d'autant plus que les idées dont il n'a cessé d'être le
serviteur s'accordent merveilleusement avec les
sentiments qui doivent nous animer, quand nous
évoquons la grande ombre de l'organisateur de la
victoire.

... « L'honorable M. Sadi Carnot a été nommé
par le suffrage universel, dans toute la force du
mot, de ses coreligionnaires politiques. Nous ne
savons pas s'il y a des exemples de cette unanimité,

mais il nous semble qu'elle donne à l'homme qui en
a bénéficié une autorité décisive, quand il jugera
nécessaire ou utile de parler aux Chambres ou au
pays. Ainsi obtenue et soutenue, ainsi comprise et
exercée, la haute magistrature dont nous célébrons
le quatrième titulaire* pourrait être vraiment la clef
de voûte de notre édifice républicain.

« Les paroles qu'a prononcées le nouveau président de la République, en recevant M. Le Royer
et les membres du gouvernement, témoignent qu'il
se rend un compte exact de la situation parlementaire, et présagent de sa part des résolutions en harmonie avec les courants d'idées qui circulaient hier
à Versailles. Sa candidature a préparé l'entente des
républicains; son élection l'a consacrée. Il est de
l'intérêt de tous que cette entente subsiste, que le
jour qui l'a vue renaître ait un long lendemain.
M. Carnot a tenu à signifier, dès le premier moment, qu'il travaillerait à cette œuvre; il nous paraît
être entré ainsi très heureusement dans le rôle d'ar-
bitre impartial, mais non pas indifférent, qui est le
sien désormais, au poste de confiance et d'honneur
où la représentation nationale vient de l'appeler.

« M. Carnot ne s'est pas borné à affirmer, d'une

---

* Voir à la fin du volume, la Note VI, page 272.

façon générale, la nécessité de l'union; il a encore indiqué, avec la réserve nécessaire, mais avec une précision suffisante, le terrain sur lequel l'union pouvait se nouer. En conviant le Parlement à assurer, dans les limites de la Constitution, « la marche régulière d'un gouvernement stable, actif et capable de donner à la nation, avec la liberté au-dedans et la dignité au dehors, tous les bienfaits que notre pays attend de la République », il a tracé un véritable programme que tous les esprits impartiaux, tous les bons citoyens, sans distinction d'opinions politiques, peuvent s'approprier. Le vœu de la France est bien celui-là.

Le *Journal des Débats* :

« L'élection de M. Sadi Carnot a été saluée par le Congrès, elle sera accueillie dans le pays tout entier avec un sentiment de réel soulagement. Elle satisfait un besoin qui s'était vivement fait sentir pendant ces derniers jours.

« La Chambre, le Sénat, le monde politique, le public voulaient être tranquilles. Nous sortons d'une crise où les passions ont été surexcitées, la rue troublée, les pouvoirs constitués en conflit, les ressorts de toutes nos institutions violemment tendus et à la veille de se briser. Une profonde lassitude, mêlée de crainte, s'était emparée de presque tous les esprits. »

La République française :

« Le pays républicain accueillera avec une satisfaction profonde la fin de cette longue et pénible crise.

« M. Carnot, élu président de la République, n'est pas plus le président de la Gauche radicale que de l'Union ou de la Gauche républicaine : il est le gardien de la Constitution, et ce n'est pas au lendemain des terribles assauts que le pouvoir exécutif vient de subir qu'un républicain digne de ce nom peut avoir désormais d'autre pensée que de fortifier entre les mains de son nouveau dépositaire la première magistrature de l'État.

« Dans l'œuvre difficile qu'il assume et qui paraissait faite pour intimider les plus rudes courages, M. Carnot aura besoin du concours de tous les républicains. Le nôtre ne lui fera jamais défaut... »

La Paix :

« On trouvera rarement dans l'histoire un plus grand exemple d'abnégation personnelle, de désintéressement que celui qu'ont donné, hier, les hommes politiques dont la candidature à la présidence avait été mise en avant. Tous, sans exception, se sont effacés devant M. Sadi Carnot à la suite du premier tour de scrutin et ont, par cet effacement si louable, créé l'union des républicains. »

La Justice :

« Le terrain est déblayé des entreprises et des menées d'une poignée d'intérêts personnels. Puissent les républicains comprendre dorénavant la nécessité de se réunir dans un effort commun de réformes! Au moins, les radicaux auront fait leur devoir. Ils auront deux fois servi les intérêts du pays, avec une indifférence parfaite pour les intérêts personnels.

« Nous ne faisons pas une minute au nouveau président élu l'injure de croire qu'il puisse se méprendre sur le sens du vote que lui a donné la première place dans la République. Mieux que personne, il comprendra qu'il faut rompre nettement avec un passé compromis.

« C'est la signification des suffrages qu'il a recueillis. S'ils ne voulaient pas dire que tous les repêchages seraient nuisibles au nom même de la République, ils n'auraient pas de sens.

« Il est temps d'inaugurer une ère nouvelle, celle de l'union de tous les républicains sur les réformes qui ont été, de tout temps, leur force et leur honneur.

La France, dans un article signé : LA DIRECTION :

« .... S'il est vrai que nous aurions préféré voir, à la tête du gouvernement de la République, M. Floquet ou M. de Freycinet, il n'est pas moins exact de dire que nous sommes satisfaits de l'élection de M. Carnot.

« Une carrière politique bien remplie, une probité absolue, un courage civique qui ne s'est jamais démenti, une collaboration active à l'œuvre de la Défense nationale pendant les cruelles années de 1870-1871, donnent au nouveau Président de la République le prestige qui lui est nécessaire. Le nom qu'il porte est, de plus, un sûr garant de son républicanisme ardent, de son dévouement à la démocratie. »

Paris, sous la signature de M. Charles Laurent :

« L'honnête homme qui vient d'être élu président de la République avait été recommandé par le *Paris* au choix des membres du Congrès.

« Il nous semblait que son élection devait être le couronnement nécessaire de cette longue campagne de deux mois, durant laquelle l'opinion publique, enfin éclairée par la presse, s'infiltrait peu à peu dans

le parlement et démontrait aux représentants du pays
la nécessité impérieuse de rompre à la fois avec la
politique de corruption et avec la politique de division.

« Le président Carnot prend le pouvoir, libre
d'attache, libre d'engagements, soutenu par l'estime universelle, et sa droiture intelligente, tant de
fois affirmée dans des postes divers, nous garantit
qu'il saura comprendre ce que la France attend de
lui...

« ... Laissons s'étonner les boulevardiers ! Laissons sourire les sceptiques ! Nous aimons mieux,
pour notre part, ce président qui entre modestement
au palais de l'Elysée que la prise de possession hautaine par un de ces chefs de parti qui peuvent être
loyaux et courageux aussi, mais qui représentent bien
plus la bataille des idées que le progrès des faits.

« Ce qu'il fallait à la présidence, c'était un homme
juste et probe : on l'a.

« Le reste doit venir par surcroît. Le reste c'est
l'affaire des ministres que, dans sa probité comme
dans sa justice, il choisira sur les bancs des deux
Chambres.

« Cette sérénité de conscience que possède le président Carnot va tout de suite avoir à se montrer ;
cette rectitude de jugement qui le distingue, il va

pouvoir la prouver sans retard. Le choix des hommes qu'il chargera de gouverner et de porter devant les Chambres ses premières paroles indiquera nettement qu'il entend être un président de réconciliation.

« La journée d'hier aura été bonne pour la République et par conséquent pour la France. »

Le Rappel :

« Son élection signifie honnêteté, probité, incorruptibilité.

« Elle signifie encore pacification. Dès que l'élecrion a été connue, Paris s'est calmé. L'agitation produite la veille par l'incroyable plaisanterie que le prédécesseur de M. Carnot avait faite au Parlement et au pays en leur donnant rendez-vous pour leur dire qu'il n'avait rien à leur dire, a cessé subitement, et tout s'est remis à respirer.

« Le résultat du scrutin définitif a été salué d'un immense cri de : Vive la République ! Cette élection faite par tous les républicains et par les républicains seuls ne sera pas seulement la République vivante, elle sera la République rajeunie, assainie et fortifiée. »

Le XIXᵉ Siècle :

« Puisse cette éclatante victoire de l'honnêteté

Le cortège présidentiel rentrant dans Paris après le Congrès.

politique inaugurer une réforme sérieuse de nos mœurs et de nos institutions politiques !

« Puisse l'admirable enthousiasme qu'elle a soulevé dans la population parisienne, puisse la joie qu'elle a excitée dans toute la France, servir de leçon au parti républicain ! Puisse l'union qui s'est faite hier sur le nom de M. Sadi Carnot ne pas être éphémère !

La Lanterne :

« Certes, nous eussions préféré voir à la présidence de la République un homme de notoriété plus grande et appartenant de plus près au parti radical. C'est avec un regret profond que nous avons vu disparaître la candidature de M. Floquet. Mais enfin, M. Carnot, précisément à cause de sa teinte neutre et de sa situation effacée, peut faire un président acceptable.

« Après M. Grévy qui gouvernait trop et sortait trop souvent de son rôle constitutionnel, il est bon qu'il y ait à l'Elysée — puisque la Constitution veut qu'il y ait un président — un homme qui sache se tenir à sa place, nous l'espérons du moins, rester dans son rôle et ne pas empiéter sur les droits du Parlement ni sur les volontés du pays. »

M. Tony Révillon, député, écrit dans *Le Radical :*

« Sadi Carnot a été élu Président de la République par le parti républicain tout entier. Les royalistes se sont comptés sur le nom d'un général.

« Républicain modéré, comme M. Grévy, M. Carnot a sur celui-ci l'avantage d'une probité politique à l'abri de tout soupçon. Il ne respectera pas seulement la lettre, mais l'esprit de la Constitution, s'inspirera toujours de la volonté du Parlement lorsqu'il s'agira de choisir les ministres chargés de mettre en œuvre cette volonté.

« Il porte un nom glorieux : le nom du conventionnel qui a organisé les quatorze armées de la première République. Demain il s'appellera comme lui Carnot tout court*, et les patriotes, en prononçant ce nom, se souviendront avec fierté des ancêtres.

« Honnête homme, le nouveau président tiendra à honneur de ne s'entourer que d'honnêtes gens sur lesquels la calomnie elle-même serait impuissante. Le gouvernement de la République retrouvera son bon renom un instant suspecté... »

M. Camille Dreyfus, député, dans *La Nation :*

« La République est sauvée.

---

* Voir à la fin du volume, la Note VII, page 273.

« M. Sadi Carnot, ancien ministre des finances, est élu Président de la République par le seul appoint des voix républicaines.

« C'est, au premier tour, le gros des forces radicales qui a fait sa majorité. Et au second tour, c'est la concentration des républicains qui a assuré son succès.

« M. Carnot s'en souviendra, nous en sommes convaincu.

« Car cette concentration refaite sur son nom, grâce au patriotique et peut-être trop rapide désistement de M. Floquet, ne peut subsister que par la politique de réformes politiques et sociales que le nouveau Président de la République préconisait lui-même dans son programme de 1885... »

M. Ranc, dans le *Petit National* :

« Quelques jours avant le Congrès, j'ai eu la bonne fortune de rencontrer dans le salon de la Paix au Palais-Bourbon, M. Sadi Carnot. J'étais avec mon ami Gaston Thomson. M. Carnot passait vivement, comme un homme qui craint d'être interrogé, ne voulant pas et ne pouvant pas répondre. Ça ne m'empêcha pas de l'arrêter et de lui dire à brûle-pourpoint : « Monsieur Carnot, êtes-vous ou n'êtes-vous pas candidat? » En ce temps déjà lointain, on

pouvait encore parler familièrement au futur président de la République. J'ajoutai : « Je vous pose la
double question pour vous donner pleine liberté de
ne pas répondre. »

« M. Sadi Carnot me regarda une demi-seconde,
puis en souriant il prononça ces paroles textuelles :
« On ne sait jamais si on est candidat; tout ce que
je puis vous dire, c'est que mon candidat sera celui
qui réunira sur son nom cinq cents voix républicaines. »

« Je trouvai que c'était bien parlé et surtout bien
pensé. C'est parce que M. Carnot pensait et parlait
ainsi que je suis fort heureux, quoique mon candidat
à moi ait piqué une tête*, que les cinq cents voix
républicaines demandées se soient portées sur lui.
Que dis-je, cinq cents? Il en a eu plus de six cents!
On lui a fait bonne mesure. »

M. Henri Escoffier (Thomas Grimm), dans *le
Petit Journal :*

«... L'union complète des républicains était le
meilleur moyen de rassurer l'opinion ; on a préféré
écarter des personnalités marquantes et adopter un
drapeau incapable de soulever les protestations, de
réveiller les haines, d'envenimer les rancunes.

---

* M. Ranc souhaitait l'élection de M. de Freycinet.

« M. Sadi Carnot bénéficie de cet élan vers l'entente et la conciliation, il est l'élu d'une situation qu'il n'a pas créée, mais que son élévation caractérise admirablement.

« La force de la vérité est si grande que l'entraînement a dépassé les frontières du parti républicain et gagné quelques voix conservatrices au nouveau président.

« Il recueille plus de suffrages que M. Grévy lui-même à sa première élection, pourtant si peu disputée.

« C'est un résultat dont le pays se félicitera ; il verra moins encore la personne que le courant de sympathie et de concorde qui l'a portée au pouvoir... »

M. Abel Peyrouton, dans *l'Echo de Paris :*

« M. Sadi Carnot était le candidat de la probité nationale. Il a été élu. C'est le très grand honneur de la France et du Parlement. L'histoire de l'élection est simple. On cherchait l'honnête homme dont la haute vertu et le caractère s'élevassent au-dessus de toutes les passions. Le Congrès est allé prendre cet homme modeste, que son mérite désignait à tous, mais que son intégrité éloignait de toutes les brigues. Le Congrès républicain fait, aussi, l'ordre moral, aux applaudissements de la France et de l'Europe...

« M. Carnot porte un nom superbe, doublement sacré par la victoire et par le Révolution. Je sais que, fidèle aux sentiments de son foyer, M. le président de la République sera sans hésitation, en toutes les occurences, pour la vaillance et pour l'honneur... »

Le Petit Parisien :

« Nous saluons dans M. Sadi Carnot l'ordre, la paix publique et la liberté.

« Il porte un nom cher aux républicains. Puisse-t-il être digne du conventionnel illustre qui fut son aïeul et que l'Histoire a appelé « l'organisateur de la victoire » !

« Pour monter à la Présidence de la République, M. Sadi Carnot a, comme piédestal, l'opportunisme abattu à jamais. »

Le Matin :

« ... Le 5 novembre, on discutait à la Chambre la proposition de M. Cunéo d'Ornano, tendant à la nomination d'une commission d'enquête sur l'affaire Caffarel-d'Andlau-Wilson. M. Rouvier était à la tribune. Répondant à une interruption de la Droite qui accusait les ministres de capituler toujours devant l'influence de l'Elysée, et faisant allusion à l'un des faits imputés à M. Wilson, le président du Conseil, ministre des finances, s'écriait :

« — Oui, il ressort du dossier qu'un de mes prédécesseurs, M. Sadi Carnot, a refusé la restitution qui lui était demandée.

« Et la Chambre faisait une ovation à M. Sadi Carnot.

« Hier, 3 décembre, M. Sadi Carnot était élu Président de la République.

« Ce simple rapprochement caractérise l'élection du successeur de M. Grévy. Ce n'est pas seulement la concentration républicaine qui s'est faite sur son nom ; son succès est la revanche de l'honnêteté ; c'est la protestation de la vieille loyauté française contre les compromissions, les agiotages, les tripotages, dont, par une tolérance coupable, le palais de l'Elysée, résidence du chef de l'Etat, était devenu le centre — nous allions dire le repaire... »

La Liberté est du même avis :

« Le nouveau président est le petit-fils du grand Carnot, « l'organisateur de la victoire » ; il porte avec dignité et modestie ce nom illustre dans l'histoire de la Révolution ; il n'a jamais été mêlé aux discordes et aux intrigues des partis ; il est un honnête homme dans la plus haute acception du mot ; il se distingue enfin par une rare loyauté de caractère et par une grande pondération d'esprit.

« L'intégrité est le trait caractéristique de cette physionomie. On n'a pas oublié que M. Sadi Carnot, alors qu'il était ministre des Finances, avait défendu avec fermeté les droits et les intérêts du Trésor contre les sollicitations de l'Elysée. En portant ce fait à la connaissance de la Chambre, M. Rouvier avait donné, il y a une quinzaine de jours, le signal d'une ovation unanime en l'honneur de M. Sadi Carnot. Il est probable qu'en votant pour lui, hier, beaucoup de membres du Congrès ont voulu exalter le ministre intègre et protester une dernière fois contre les scandales dont le pays a été le témoin attristé et, dans une large mesure, la victime... »

L'Intransigeant termine ainsi l'aperçu biographique du nouveau président :

« ... Telle est la vie politique de ce républicain, modéré sans doute, mais convaincu et sincère, que le Congrès a choisi pour premier magistrat de la République. »

Le *Gil Blas* conclut en ces termes :

« Il n'est l'homme d'aucun parti. Il n'est compromis avec aucun. Il n'est suspect d'aucune violence ni d'aucune faiblesse. S'il a à se faire des amis, il n'a pas d'adversaires à combattre et à désarmer. A l'effacement de sa personne correspond, pour en corriger les inconvénients, une modération heureuse dans les idées. En prenant la peine de remonter dans son passé politique, on le trouve fait de fermeté et de sagesse. Il n'aura qu'à donner pour programme à sa Présidence ce qu'il disait, il y a quelques années, dans son programme électoral : « La République seule peut apaiser nos anciennes dissidences; seule, elle n'est pas un gouvernement de parti. Ouverte à tous, acceptant toute adhésion sincère, elle groupera toutes les bonnes volontés, et une ère de calme, d'ordre et de liberté rendra à la France la place qui lui revient dans le monde. » Ce sont là de bonnes paroles et nous devons en accepter l'augure... »

Citons enfin ce patriotique sonnet, publié dans *la France* par M. Henri Second :

CARNOT

Carnot, ce nom promet, et bonne est la journée;
La République sauve, et tout danger cessant,
Paris, qui s'attendait à veiller dans le sang,
Peut s'endormir en paix : la chose est terminée.

Terminée, au dedans. Au dehors, acharnée,
La lutte va reprendre, et nos chances croissant,
Grâce à notre union dans la tâche obstinée.
Nous pourrons faire face au danger menaçant.

A l'œuvre maintenant! Que la minute sonne,
Nous ne provoquons pas, mais ne craignons personne.
Tant pis pour qui nous traite avec des airs moqueurs!

Nous avons le courage et l'espoir plein nos cœurs :
— Il semble que l'on va recommencer l'histoire
Avec ce nom qui sent la poudre et la victoire!

EN PROVINCE

A Montpellier.

Le *Petit Méridional* se félicite de l'élection de
M. Sadi Carnot, « la plus populaire et la plus sympathique qui pouvait être faite. C'est le commencement d'une vie de conciliation et de concentration
des forces républicaines, tant désirée par le pays,
M. Sadi Carnot représentant la moyenne des opinions républicaines à la Chambre.

« L'élection de M. Sadi Carnot signifie encore
probité pour le pays qui n'a pas oublié le rôle du ministre des finances dans l'affaire Dreyfus.

« On peut maintenant travailler en paix et préparer dans un même élan de foi républicaine le

centenaire de la Révolution française, qui sera célébré sous la présidence du petit-fils du grand Carnot. »

L'Éclair, journal orléaniste, dit que cette élection est une protestation nouvelle contre l'agence Wilson.

Le *Messager*, organe bonapartiste, ne fait aucun commentaire.

Le calme est absolu, la population accepte d'une façon impassible, mais non sans quelque surprise, l'élection de M. Sadi Carnot.

A Lille.

La nomination de M. Carnot a été accueillie avec enthousiasme.

Partout, on commente dans les groupes et dans les cafés les résultats de la journée.

La nomination du nouveau président cause une satisfaction générale.

De nombreux groupes ont stationné toute la journée devant les bureaux des journaux républicains pour attendre les résultats du Congrès.

Le soir, ces journaux ont pavoisé et illuminé.

A Bordeaux.

La *Gironde*, tout en déclarant que la candidature qui avait ses préférences n'a pas prévalu devant le

Congrès, salue M. Carnot comme l'élu de l'unanimité du *parti républicain.* « C'est, dit-elle, une grande force morale que le nouveau Chef de l'État puise dans cette consécration de son mandat par toutes les fractions républicaines de la représentation nationale. Elle vient s'ajouter à l'autorité particulière que donnent à M. Carnot l'intégrité de son caractère, la droiture et la fermeté de son jugement, la sagesse de son esprit, sa haute probité et la dignité parfaite avec laquelle il soutient dans la vie l'honneur du nom illustre de l' « Organisateur de la Victoire ».

A Nantes.

Les journaux républicains, le *Phare de la Loire,* le *Progrès de la Loire-Inférieure,* le *Populaire* se réjouissent de l'issue de la crise. Ils déclarent que la Présidence ne pouvait être dévolue à plus digne, et souhaitent à M. Carnot les vertus morales et politiques de son illustre grand-père.

La population si républicaine de cette grande cité a accueilli avec faveur l'élection de M. Sadi Carnot. C'est pour elle le triomphe de la morale publique.

A Toulouse.

La nouvelle de l'élection de M. Sadi Carnot a produit une excellente impression.

En apprenant l'échec de M. J. Ferry, la foule a poussé des « ah! » de satisfaction.

La *Dépêche* dit :

« Depuis deux jours nous attendions avec une patriotique angoisse le nom du successeur de M. Grévy; nous redoutions surtout le succès d'une candidature qui aurait divisé à jamais le parti républicain en deux fractions irréconciliables.

« La démocratie tiendra compte à MM. Ferry et de Freycinet du désintéressement avec lequel ils se sont retirés devant M. Sadi Carnot.

« Puisse l'union qui s'est faite aujourd'hui dans le parti républicain inaugurer une ère féconde de travail et de progrès. »

A Lyon.

L'*Express de Lyon* dit que le nom de M. Sadi Carnot était tout indiqué, car c'était le seul sur lequel pût s'établir l'union du parti républicain.

Avec M. Sadi Carnot, l'Élysée ne sera pas beaucoup plus animé qu'avec M. Grévy; la présidence manquera peut-être de prestige et d'éclat, mais au moins la France aura à sa tête un honnête homme.

A Marseille.

Une nombreuse réunion à laquelle assistaient plusieurs conseillers généraux et municipaux a eu lieu au cercle Bellevue.

Une adresse de félicitation au nouveau président de la République a été votée à l'unanimité.

La réunion a exprimé également l'assurance de son dévouement à la population parisienne, ajoutant que celle-ci pouvait en toutes circonstances compter sur la solidarité de la démocratie marseillaise.

Ces résolutions ont été transmises par télégramme à la députation du département des Bouches-du-Rhône.

Au Havre.

L'élection de M. Carnot est accueillie avec une grande faveur. Chacun se félicite du résultat. Les journaux républicains espèrent que ce choix ramènera dans l'esprit public le calme si nécessaire à la prospérité du pays.

A Annecy.

Dès le samedi après-midi, une grande animation régnait dans les rues d'Annecy. M. Carnot, durant quelques années qu'il avait occupé dans cette ville le poste d'ingénieur ordinaire des ponts et chaussées, y avait laissé les meilleurs souvenirs, et chacun s'intéressait à sa nomination. Aussi grande fut la joie lorsqu'à huit heures du soir un télégramme annonça son triomphe. La foule se répandit dans la ville, aux cris répétés de : « Vive la République ! Vive la France ! »

Bientôt les détonations de boîtes d'artifices se faisaient entendre. C'était la Municipalité qui avait eu l'heureuse idée d'annoncer ainsi aux habitants et le succès de M. Sadi Carnot et un nouveau triomphe pour la République.

Le dimanche et le lundi, les habitants du faubourg de Bœuf, habité jadis par M. Carnot, illuminaient leurs fenêtres, garnissaient de drapeaux et de girandoles tout le quartier, et grâce au concours de la Fanfare municipale, invitaient la population tout entière à venir prendre part à une manifestation, ayant pour but de faire connaître au nouveau chef de l'État les sympathies des Annéciens.

La manifestation d'Annecy eut son écho dans tout le département.

Le conseil municipal de la Roche dans une adresse à M. Carnot déclarait qu' « il ne perdait pas le souvenir du fonctionnaire qui avait laissé dans la Haute-Savoie tant de preuves d'affabilité et d'intelligence, et se rappelait avec reconnaissance que grâce à lui, la ville avait une gare à ses portes. »

De son côté, la ville de Sallanches saluait avec un

légitime orgueil l'élection de M. Sadi Carnot « dont
le nom, dans le département, était resté populaire
et entouré de l'estime de tous ».

A L'ÉTRANGER

Toutes les dépêches qui arrivèrent de l'étranger,
nous faisant connaître les appréciations du monde
politique extérieur sur l'élection de M. Carnot, sont
unanimes à dire que les puissances étrangères ont fait
un parfait accueil à l'élection du nouveau président et
qu'elles y voient un gage de paix pour la France. Il
n'y a que certaines réserves à relater dans quelques
journaux extra-gallophobes de Berlin et de Vienne.

Nous publions cependant quelques-unes des plus
caractéristiques.

A Milan.

L'élection de M. Carnot a produit une impression
excellente.

Le *Secolo* se réjouit avec la France de la sagesse et
du patriotisme du Congrès qui a assuré la paix et la
prospérité du noble pays.

Ce journal conclut qu'il ne s'agissait pas seulement
de la France, mais d'un principe, car la victoire de
la République exerce une influence bienfaisante et
générale sur le progrès et la liberté.

A Rome.

L'impression générale est excellente. On connaissait beaucoup ici M. Sadi Carnot dont on apprécie le caractère.

La presse félicite les membres du Congrès de l'abnégation et du patriotisme dont ils ont fait preuve en se concentrant sur le nom de M. Carnot, qui est comme un drapeau de concorde en face de la révolution et de la dictature militaire. Pourtant, un organe important, la *Riforma,* veut attendre la formation du nouveau cabinet pour tirer toutes les conséquences de l'élection de samedi.

A Londres.

L'élection de M. Carnot, annoncée pour le cas où M. de Freycinet ne passerait pas au premier tour de scrutin, n'a pas étonné le monde politique. Elle est considérée comme une garantie sérieuse de la prudence et de la modération de la future politique de la France à l'extérieur.

Le cabinet britannique attendait, avec impatience, la fin de la crise pour prendre attitude en face des propositions qui lui ont été faites par les puissances centrales en vue de son accession à la triple alliance. D'autre part, lord Salisbury voulait con-

naître le nouveau président, comme il tient à connaître son nouveau cabinet avant de prendre une
décision définitive relativement à l'évacuation de
l'Égypte, à la convention du canal de Suez et à une
action à Constantinople pour ou contre la Russie
dans la question bulgare.

Comme l'élection de M. Carnot semble donner satisfaction à la politique britannique, il est à présumer
que les négociations si heureusement conduites jusqu'ici par M. Flourens aboutiront aux résultats
désirés par la France.

A Berlin.

La *Post*, organe plus gallophobe que les autres,
jette une note discordante dans le concert des journaux berlinois qui s'accordent presque tous à dire
que l'Allemagne doit se trouver satisfaite du résultat
de l'élection du 3 décembre.

Ce journal prétend que l'élection de M. Carnot
n'est qu'une digue opposée momentanément aux
flots de la Révolution, qui menaceront encore, à tout
instant, d'inonder la France sous un déluge de
désordres. Il sera bien difficile à M. Carnot, dit la
Post, de résister au torrent qui emporte la France du
côté de la démagogie.

La *Gazette nationale* veut bien croire que M. Carnot
va inaugurer en France une politique de paix, mais

elle craint qu'on ne lui rende sa tâche impossible et que le vieux jeu ne recommence.

La *Revue du Lundi* s'obstine à nous prêter des idées de prochaine revanche et invite les Allemands à se préparer à toutes les surprises.

En dehors de ces trois organes, le ton de la presse berlinoise est généralement favorable à M. Carnot.

A Vienne.

L'élection de M. Carnot, mais surtout le calme avec lequel elle s'est faite, ont surpris tout le monde ici. On s'attendait à des troubles graves. Le choix du Congrès rassure les trembleurs. La presse fait le plus grand éloge des qualités gouvernementales du président, loue aussi les représentants du choix qu'ils ont fait, et rend hommage à M. Ferry, qui, en se retirant, a fait acte d'homme de cœur et de talent.

On dit que cette élection peut être *l'éternisation* de la République.

A Saint-Pétersbourg.

La nouvelle de l'élection de M. Carnot est fort bien accueillie.

Le *Novosti* déclare que le nouveau président est un champion de l'ordre énergique et honnête et qu'il ne manquera pas d'inspirer confiance aux gouvernements étrangers.

Le *Novosti* félicite le Congrès du choix qu'il vient de faire. Il y voit la preuve que les républicains français ont reconnu la nécessité d'élire un président qui fût sympathique à la Russie.

Le tzar a adressé à M. Sadi Carnot un télégramme de félicitations.

Le prince Metchersk publie dans le *Grashdanine* un long article qu'il consacre tout entier à M. Carnot et qui a pour titre : *Le messager de la paix.* Il y déclare que l'élection du nouveau président est un signe de paix bien plus sûr que toutes les alliances et combinaisons formées ostensiblement en vue de la paix dans ces derniers temps.

Le *Viedemosti* dit que l'origine de la crise est dans la défectuosité de la Constitution, mais elle félicite la France d'avoir à sa tête un homme dont le nom est synonyme de vertu.

A Moscou.

La presse est favorable à la personne du nouveau président dont le passé assure une politique loyale, ferme et franche. L'opinion russe est maintenant entièrement satisfaite d'un résultat qui démontre avec évidence que la République est effectivement la forme de gouvernement qui convient le mieux à la France et que ce peuple, que les reptiles allemands présentent comme gangrené, a acclamé en M. Carnot l'honnêteté de sa vie privée et publique.

A Genève.

Le *Journal de Genève* dit :

... « Nous pouvons ajouter que le nouveau Président n'est pas absolument un inconnu pour nous. Le long séjour qu'il a fait à Annecy et à Saint-Julien, lorsqu'il n'était encore qu'un jeune ingénieur frais émoulu de l'École polytechnique, l'a familiarisé avec les mœurs et les intérêts de cette région qui est unie à la nôtre par tant de sympathie et par la communauté des intérêts. Plusieurs de nos lecteurs qui l'ignorent seront charmés d'apprendre que le beau pont du Rhône sous Collonges, dont l'arche hardie se remarque de la ligne du chemin de fer lorsqu'on vient de dépasser cette station dans la direction du Fort-de-l'Écluse, est l'œuvre du nouveau Président de la République. Mieux vaut assurément pour la France et pour ses voisins qu'elle ait à sa tête un ingénieur civil qu'un ingénieur militaire. L'un construit des ponts et des routes; l'autre ne rêve que barrages et fortifications. »

XI

LE CABINET TIRARD

Crise ministérielle. — Négociations. — Refus de M. Fallières. — M. Goblet accepte. — Premier échec. — M. Fallières se ravise. Nouvel échec. — Combinaison Tirard. — Message présidentiel. — Déclaration ministérielle. — Conclusion.

LE 4 décembre, les ministres avaient donné leur démission au Président de la République. La crise ministérielle était ouverte.

Aussitôt, M. Carnot appelait à l'Élysée les membres les plus en vue des différentes fractions républicaines, et avec eux, tout en se tenant sur la plus stricte réserve, il étudiait les différentes combinaisons ministérielles susceptibles d'être accueillies avec faveur par le Parlement et le pays.

Ainsi, il recevait successivement MM. Leydet, Clémenceau, Félix Faure, Ribot, Barodet, Leporchi, Raynal, Jules Ferry, et leur demandait leur opinion personnelle sur la situation et les moyens de

13.

la dénouer. Dans son entretien avec M. Clémenceau, il faisait la déclaration suivante :

« Je ne me fais pas d'illusion ; on a choisi un des plus modestes soldats de l'armée républicaine pour l'élever à la première magistrature de la République ; mais ce que je puis dire, c'est que je trouverai dans la droiture de ma conscience et le sentiment de mon devoir la force nécessaire pour essayer d'accomplir la mission qui m'incombe.

« Si je me trompe, je puis assurer que mes intentions seront toujours droites et que je serai guidé par une unique considération, l'intérêt de la République. »

Il insistait sur la nécessité de la concentration des forces républicaines, surtout en face de l'étranger, pour montrer que la République est au-dessus de toutes les divisions de personnes et que, lorsque l'intérêt de la patrie l'exige, tous savent s'unir.

A l'intérieur, la concentration n'était pas moins à faire en vue des élections générales de 1889.

« Assurément, continuait-il, il y aura toujours dans le parti républicain deux grandes fractions, deux nuances essentielles, les progressistes et les modérés ; mais les deux fractions peuvent et doivent s'unir pour faire face à l'ennemi commun : les monarchistes.

« Troisièmement, enfin, il faut faire la concentration pour faire un budget honnête et sincère, un budget de probité et de réformes. »

Et, appuyant sur cette idée avec une grande énergie, le nouveau Président s'écriait :

« Je sais que c'est possible. Il le faut. Les républicains feront le nécessaire pour établir ce budget. »

Après avoir conféré avec tous les membres de l'une et de l'autre Chambre en état de lui fournir des indications vraiment autorisées, M. le Président de la République offrait la mission de former un cabinet à M. Fallières, ministre démissionnaire. Celui-ci la déclina, représentant qu'il ne se croyait pas l'autorité suffisante pour assumer la responsabilité du pouvoir dans des circonstances aussi critiques, et invoquait du reste des raisons de santé. Il déclarait néanmoins se tenir à la disposition de M. Carnot au cas où il ne trouverait aucun homme politique pour se charger du soin de constituer le ministère.

« Vous savez, Monsieur le Président, ajoutait-il, que je suis l'homme de tous les dévouements. »

La presse avancée, qui ne connaissait pas encore le refus de M. Fallières, consacrait ses *leaders* articles à combattre toute combinaison avec cet homme politique comme président du Conseil.

M. Carnot s'adressa alors à M. Goblet, qui se mit à sa disposition et commença dès le lendemain, 6 décembre, ses démarches.

L'idée dont il poursuivait la réalisation était de représenter dans son ministère toutes les nuances de la majorité républicaine.

On se rappelle d'ailleurs que M. Goblet, lorsqu'il avait accepté, le 10 décembre 1886, la succession de M. de Freycinet, avait suivi la même ligne de conduite et que le cabinet formé par lui avait été le premier, depuis la fondation de la troisième République, qui comptât parmi ses membres des hommes appartenant aux fractions avancées du Parlement, entre autres M. Lockroy, de la gauche radicale; M. Granet, de l'extrême-gauche et le général Boulanger, alors le Benjamin de M. Clémenceau.

Mais les premières difficultés prenaient naissance dans une réunion à laquelle assistaient les principaux membres du Parlement dont il voulait faire ses collaborateurs.

L'entrée dans la combinaison de MM. Ménard-Dorian et Sigismond Lacroix décidait de la rupture.

M. Ribot, sur lequel comptait M. Goblet pour le portefeuille des affaires étrangères, refusait son concours, et il était suivi par MM. Ricard, Faye et Loubet.

Ainsi, tandis que des hommes comme M. Sigismond-Lacroix voulaient bien entrer dans un cabinet d'affaires sans parler d'autonomie communale, des hommes comme MM. Ricard, Faye et Loubet ne voulaient pas devenir ses collaborateurs pour mettre un peu d'ordre dans nos finances.

C'est donc de l'Union des gauches que venaient les entraves, c'était elle qui ne voulait plus de la concentration que naguère encore elle réclamait.

Le 10 décembre, M. Goblet se rendit à l'Élysée et déclara au Président qu'il renonçait à poursuivre les négociations relatives à la formation d'un ministère.

M. Carnot remerciait M. Goblet de ses démarches, et se tournait de nouveau vers M. Fallières. Faisant appel à son patriotisme, il le pressa de se charger de la mission de former un cabinet de concentration et de conciliation.

M. Fallières se décida à accepter.

Mais, tout aussitôt, il se heurtait à des obstacles sérieux. Les groupes avancés du Parlement lui refusaient leur concours ; et, après deux jours d'efforts infructueux, il se vit obligé d'informer le Président de la République qu'il renonçait au mandat dont il s'était chargé.

Le 11 au soir, on apprenait que le nouveau personnage politique que M. Carnot avait fait appeler était M. Tirard.

Tout d'abord il chercha à s'assurer le concours de MM. Sarrien, Viette et Lockroy. Vers le soir, la liste ministérielle prenait tournure, M. Ribot acceptait le portefeuille de la justice, mais, à la même heure, MM. Lockroy et Viette se récusaient finalement.

Dans les groupes politiques on considérait la combinaison Tirard comme abandonnée, quand on apprit que M. Tirard ne cherchait plus qu'à former un simple ministère d'affaires pour demander les douzièmes nécessaires au fonctionnement de la machine administrative.

La situation ne pouvait durer plus longtemps.

Il fallait une solution.

M. Carnot intervint alors personnellement et, chapitrant la plupart des hommes politiques dont M. Tirard sollicitait le concours, il ne leur cacha pas que si cette combinaison échouait encore, il donnerait sa démission.

Il parvint à vaincre ainsi les hésitations des récalcitrants, et le 13 décembre au matin, le journal officiel publiait des décrets qui constituaient comme suit le nouveau cabinet :

MM. Tirard, finances et président du conseil.
Fallières, justice.
Flourens, affaires étrangères.
Sarrien, intérieur.
Logerot, général de division, commandant le 8ᵉ corps d'armée, guerre.
De Mahy, marine et colonies.
Faye, instruction publique, cultes et beaux-arts.
Loubet, travaux publics.
Dautresme, commerce et industrie.
Viette, agriculture.

Il comprenait trois sénateurs et huit députés. Les trois sénateurs étaient MM. Tirard et Loubet, de l'Union républicaine, et M. Faye qui, la veille encore, était le Président de la Gauche républicaine sénatoriale.

Des cinq députés, M. Fallières appartenait à l'Union des gauches; un autre, M. de Mahy, était inscrit à la fois à l'Union des gauche et à la Gauche radicale. Les trois derniers, MM. Sarrien, Dautresme et Viette comptaient parmi les Indépendants de la chambre.

Enfin les deux autres ministres, MM. Flourens et Logerot n'étaient pas membres du Parlement.

Ce cabinet comptait, avec plusieurs anciens ministres, quelques hommes nouveaux aux affaires dont nous allons résumer la carrière.

MM. Flourens, Dautresme et Fallières faisaient déjà partie du cabinet Rouvier. M. Tirard avait été successivement ministre de l'agriculture, du commerce et des finances.

Voici quelques renseignements sommaires sur les membres du premier cabinet de M. Carnot.

M. TIRARD

Le nouveau président du Conseil est aujourd'hui âgé de soixante ans.

Directeur d'une importante maison d'horlogerie et membre du Conseil des prud'hommes, il acquit une certaine réputation qui, ne contribua pas peu à augmenter son opposition à l'Empire.

Après le 4 Septembre, il fut nommé maire du XIe arrondissement, puis député de Paris.

A l'Assemblée nationale, il vota contre la paix, vote qui lui valut d'être nommé membre de la Commune, mais il donna sa démission et revint occuper son siège de député à Versailles. Il faisait alors partie de l'extrême gauche.

Il fut élu sénateur inamovible à l'origine du Sénat. Dans cette Assemblée, il se fit remarquer par le talent et l'autorité avec lesquels il traitait les questions économiques et financières.

Il devint ensuite ministre du commerce et de l'agriculture dans le Cabinet Wadington et le Cabinet Freycinet de 1882.

M. Ferry lui donna ensuite les Finances dans son ministère de 1883 à 1885, et, quand M. Carnot l'appela à constituer le ministère actuel, il présidait la Commission des finances du Sénat.

M. FALLIÈRES

Fallières (Clément-Armand) naquit à Mégin le 6 novembre 1841. Avocat distingué du barreau de Nérac, membre du Conseil général de Lot-et-Garonne, il a été maire de Nérac et révoqué après le 24 mai. Républicain modéré, M. Armand Fallières s'est présenté aux élections du 20 février 1876 comme républicain, partisan d'une politique d'apaisement et de conciliation. Il a été élu par 8,376 voix.

M. Fallières siégeait à gauche et a voté contre l'amnistie pleine et entière et pour la proposition Gatineau. Il se fit remarquer comme orateur dans plusieurs discussions.

Au 16 mai 1877, il fut un des 363 opposants et réélu comme tel le 14 octobre suivant. Le 17 mai 1880, il fut nommé sous-secrétaire d'État au ministère de l'intérieur et, plus tard, président du conseil des ministres, ministre de l'intérieur et ministre de l'instruction publique et des beaux-arts. Il fut réélu le 21 août 1881. Il appartenait au groupe de l'Union démocratique. M. Armand Fallières, porté sur la liste républicaine de Lot-et-Garonne, a été élu au premier tour de scrutin, le 4 octobre 1885, par 12,766 voix.

Choisi par M. Rouvier, en 1887, pour remplacer à la Justice M. Mazeau, démissionnaire, M. Carnot lui conserva son portefeuille.

M. FLOURENS

M. Émile Flourens porte un nom célèbre dans la science. Il est le fils du célèbre physiologiste qui fut élu, en 1840, membre de l'Académie française contre Victor Hugo. Né en 1841, il fit d'excellentes études au lycée Louis-le-Grand, et tandis que son frère Gustave allait se mettre au service de l'insurrection crétoise et revenait en France où il prenait part à tous les mouvements contre l'Empire, il entrait dans la carrière administrative.

Comme directeur des cultes, il fut chargé d'appliquer les décrets contre les congrégations religieuses non autorisées. Quand M. Goblet, président du Conseil dans le ministère de décembre 1886, lui offrit le portefeuille des affaires étrangères, il était président de la section de législation, de justice et des affaires étrangères au Conseil d'État et président du comité consultatif des protectorats au ministère des affaires étrangères.

Ce choix souleva des critiques même parmi les organes gouvernementaux, car M. Émile Flourens n'était ni du Parlement ni de la carrière. Il avait pourtant fait ses preuves et comme administrateur et comme juriste. Du reste, les incidents de Pagny-sur-Moselle et de Raon-l'Étape allaient bientôt mettre sa valeur en lumière. M. Rouvier l'avait conservé dans son cabinet, et, à la constitution du ministère Tirard, il ne fut pas un instant question d'attribuer le portefeuille des affaires étrangères à un autre personnage politique.

La situation extérieure si sombre nécessitait le maintien au quai d'Orsay d'un diplomate habile à maintenir sur le terrain juridique les questions soulevées entre États. C'est ce qu'ont compris M. Carnot et M. Tirard.

M. SARRIEN

M. Sarrien est né le 15 octobre 1840. Avocat au barreau de Lyon et jouissant d'une grande considération dans la Saône-et-Loire, dont il avait commandé une compagnie de mobiles en 1870 et où il avait gagné la croix à l'ennemi, il fut envoyé par ce département à la Chambre en 1876.

Depuis il a été constamment réélu. Il succéda à M. Cochery aux postes et télégraphes dans le Cabinet Brisson, et quand M. de Freycinet prit le pouvoir M. Sarrien eut le portefeuille de l'Intérieur qu'il échangea contre celui de la Justice dans le ministère Goblet.

M. Sarrien est un des membres les plus en vue de la Chambre des députés.

Tout le monde se plaît à reconnaître ses hautes qualités administratives.

M. le Général LOGEROT

Le nouveau ministre de la Guerre, hier encore commandant du 8ᵉ corps à Bourges, est âgé de soixante-deux ans. Né à Woyers (Loire-et-Cher) en 1825, il entrait à Saint-Cyr en 1844, en sortait deux ans après dans un bon rang, et était envoyé

Maison de Lazare Carnot à Nolay,
Propriété de M. Sadi Carnot.

comme sous-lieutenant dans un régiment d'infanterie. Capitaine en 1853, chef de bataillon en 1864, lieutenant-colonel le 18 septembre 1870 et colonel le 19 novembre 1870, la commission des grades le maintenait dans le grade que lui avaient valu ses actions d'éclat sous Metz et à l'armée de la Loire. Général de brigade le 23 mai 1875, il était promu divisionnaire le 18 juin 1881, à l'issue de la campagne de Tunisie où il avait fait preuve des qualités militaires les plus remarquables. Chevalier de la Légion d'honneur en 1855, officier en 1865, il était nommé commandeur en 1874.

La vivacité des mouvements de la colonne qu'il commandait en Tunisie l'avait fait surnommer la *colonne fantôme*. Le général Logerot est d'une famille de soldats. Deux de ses frères appartiennent aux armes savantes.

M. DE MAHY

M. de Mahy est un créole de la Réunion. Il est né en 1830. Après avoir fait ses études en France et s'être fait recevoir docteur en médecine, il revint à la Réunion où ses compatriotes l'envoyèrent à l'Assemblée nationale ; il n'a cessé de les représenter au Parlement.

A la mort du regretté colonel Denfert-Rochereau, les suffrages de ses collègues lui confièrent les fonctions enviées de questeur. En 1876, il fut nommé rapporteur du budget des colonies. Depuis, il fit partie comme ministre de l'agriculture des Cabinets Freycinet et Duclerc.

On se rappelle la fougueuse campagne qu'il mena dans ces derniers temps, campagne où il chercha à provoquer un mouvement de l'opinion au profit de l'annexion complète de Madagascar.

Très travailleur et aussi très autoritaire, il entrait au ministère de la marine avec des idées arrêtées au sujet de l'expansion coloniale*

M. FAYE

M. Étienne-Léopold Faye est né à Marmande (Lot-et-Garonne) le 16 novembre 1828. Élu à l'Assemblée nationale le 2 juillet 1871, il fut un des agents les plus actifs de l'adoption des lois constitutionnelles. C'est un juriste éminent.

Le 20 février 1876, il fut élu député et nommé questeur de la nouvelle Chambre.

Il remplaça M. de Marcère comme sous-secrétaire d'État à l'Intérieur dans le cabinet Wadington,

* Voir à la fin du volume, la Note VIII, page 273.

quand M. de Marcère devint lui-même ministre, à la mort de M. Ricard, dont il était le sous-secrétaire d'État. Il fit partie des 363.

Réélu le 14 octobre 1877, il passa au Sénat lors du renouvellement triennal de cette Assemblée. L'influence de M. Faye au Sénat fait de lui un des membres les plus considérables du nouveau cabinet.

M. LOUBET

M. Émile Loubet est né, en 1838, à Marsanne (Drôme). Il était avocat et maire à Montélimart, quand, le 20 février 1876, les électeurs l'envoyèrent au Parlement où il se fit inscrire à la Gauche républicaine. Il fit partie des 363. Réélu le 14 octobre 1877, il a été, en 1885, élu sénateur de la Drôme. M. Loubet compte parmi les membres les plus travailleurs et les plus justement estimés de la Haute assemblée.

M. DAUTRESME

M. Dautresme est né à Elbeuf, le 21 mai 1826, d'une famille de riches manufacturiers. Ancien élève de l'École polytechnique, il embrassa la carrière d'ingénieur.

M. Dautresme, en mars 1871, protesta, dans une

lettre au *Journal de Rouen,* contre la Commune de Paris.

En 1876, il fut élu le 20 février comme candidat républicain et prit place au centre gauche.

Au scrutin du 21 août 1881, il fut réélu sans concurrent dans la 2ᵉ circonscription de Rouen.

Enfin, aux élections du 4 octobre 1885, il se présenta comme candidat sur la liste républicaine progressiste en opposition aux listes intransigeantes et réactionnaires et fut nommé par 79,338 suffrages.

M. Dautresme a déjà été ministre du commerce dans le Cabinet présidé par M. Brisson.

Le nouveau ministre est un compositeur de musique très apprécié. Plusieurs de ses ouvrages, représentés à l'ancien Théâtre-Lyrique, y ont obtenu un certain succès d'estime.

M. VIETTE

M. François Viette est né à Blamont (Doubs) en 1843. Il se fit remarquer par ses écrits contre l'Empire. Aussi, en février 1876, fut-il envoyé à la Chambre par ses compatriotes de Montbéliard. Il fit partie des 363 et fut réélu par une majorité imposante.

M. Viette, depuis cette époque, n'a cessé de représenter le Doubs. Il a toujours fait preuve d'une grande indépendance de caractère et d'opinions et refusé de se faire inscrire dans aucun groupe. Il compte parmi les Indépendants ou « Sauvages » de la Chambre. Sa belle humeur de Franc-Comtois lui a valu de nombreuses sympathies parmi ses collègues. Il est rapporteur du budget de l'agriculture.

La tâche du nouveau ministère n'était pas aisée.

Il devait présenter aux Chambres le message du Président de la République et obtenir le vote des douzièmes.

Les journaux modérés applaudissaient à la présence de M. Tirard à la tête du cabinet. Après la longue crise que le pays venait de traverser, ils réclamaient de tous les républicains, un concours loyal au premier ministère de la nouvelle Présidence. Ils étaient, en outre, d'avis qu'on devait accepter le cabinet les yeux fermés, car il apportait un bien inestimable, la fin d'une crise dont le pays ne comprenait pas la raison, et dont il commençait à s'irriter sérieusement.

Les journaux d'Extrême gauche et les journaux réactionnaires rappelaient les 100 millions de M. Tirard. Ils prédisaient à son cabinet, comme du reste il le souhaitaient, un sûr et prompt trépas. Ce devait simplement être le ministère du message.

Le premier sentiment éprouvé dans le pays était un immense soulagement. Enfin, on avait un ministère. L'anxiété portée à son comble les jours précédents se calmait subitement.

Le 13 décembre, le Président du Conseil se présentait devant la Chambre et, conformément aux précédents, il apportait, au lieu d'une Déclaration du Gouvernement, un Message du nouveau Président de la République.

Au Sénat le Message était lu par M. Fallières, garde des sceaux.

Voici le texte de ce document :

« MM. les Sénateurs,
« MM. les Députés,

« En élevant à la présidence de la République un des plus modestes serviteurs de la France, l'Assemblée nationale m'a décerné un honneur dont je sens tout le prix ; elle m'a en même temps imposé de grands devoirs. Tout ce que j'ai de force et de dévouement appartient à mon pays, et je m'attacherai sans relâche à justifier la confiance de l'Assemblée nationale.

« J'ose espérer que le Sénat et la Chambre

voudront accorder à mes efforts leur concours patriotique.

« Le Parlement a clairement marqué dans la journée du 3 décembre le but vers lequel doit tendre le gouvernement de la République. En même temps qu'il donnait l'imposant spectacle d'une grande Assemblée accomplissant avec dignité le mandat qu'elle tient de la Constitution, il montrait quelles garanties offre au pays le fonctionnement régulier de nos institutions républicaines et proclamait hautement sa volonté d'écarter toute cause de dissentiment.

« Le souci des intérêts vitaux de la patrie, de son renom aux yeux de l'Europe, de sa légitime influence au dehors, commandait l'union à tous les représentants dévoués aux institutions du pays, et une même pensée de patriotisme a concentré sur un seul nom tous les suffrages.

« Pour celui des Français à qui est échu le grand honneur de recueillir ces suffrages, le premier devoir est de s'inspirer d'un si évident esprit de concorde et d'union.

« Le gouvernement s'efforcera de rendre facile l'accord nécessaire de vos volontés, en vous appelant sur le terrain commun des intérêts moraux et matériels de la nation.

14.

« Avec l'apaisement, la sécurité, la confiance, il voudra assurer au pays les progrès réfléchis, les réformes pratiques destinées à encourager le labeur national, à fortifier le crédit, à amener la reprise des affaires et à préparer les grandes assises industrielles en 1889.

« Il se préoccupe des mesures qui touchent aux conditions du travail et de l'hygiène, de la mutualité et de l'épargne.

« Il s'attachera à l'amélioration des finances, au sérieux équilibre des budgets, à la simplification du fonctionnement administratif et judiciaire, à l'irréprochable gestion des affaires publiques.

« Il fera dans ses préoccupations une large place à nos armées de terre et de mer, dont l'honneur et les intérêts nous sont particulièrement chers.

« Aux Chambres il appartient d'assurer au gouvernement la puissance de réaliser ce programme et de préparer au pays une ère durable d'activité ordonnée, paisible et féconde.

« Elles donneront ainsi à l'Europe le gage le plus précieux de l'ardent désir qu'a la France de contribuer à l'affermissement de la paix générale et rendront faciles le maintien et le développement de ses bons rapports avec les puissances étrangères.

« L'imposante manifestation du 3 décembre m'autorise, Messieurs les Sénateurs, Messieurs les Députés, à faire hautement appel à votre patriotisme pour une politique de progrès, d'apaisement et de concorde.

« Fort de votre concours, bien pénétré de ce qui est le vœu ardent du pays comme son plus impérieux besoin, le gouvernement saura être le gardien vigilant et résolu de la Constitution et des lois.

« C'est ainsi que la France, respectée au dehors, calme et prospère au dedans, pourra se préparer dans la paix et dans le travail à célébrer dignement le grand centenaire de 1789.

« *Le président de la République,*

« Signé : CARNOT. »

« Par le président de la République :

« *Le président du conseil, ministre des finances,*

« Signé : P. TIRARD.

« *Le ministre de l'intérieur,*

« Signé : F. SARRIEN. »

On ne peut apprécier autrement ce message qu'en constatant qu'il est l'image de l'homme qui l'a écrit : modeste et respirant d'un bout à l'autre l'honnêteté et le patriotisme.

Ces deux qualités sont en effet les caractéristiques de sa physionomie.

Le document présidentiel ne renferme aucun de ces traits brillants qui sentent l'affectation ; la déclamation, l'effort vers ce qu'on est convenu d'appeler la grande éloquence, en sont absents.

Sous la simplicité du langage s'affirme une conviction profonde dans les destinées de la République.

La personne du Président s'efface modestement pour rendre un éclatant hommage au patriotisme des membres républicains du Parlement. Au milieu des questions brûlantes qui agitent et divisent notre pays, M. Carnot préconise la politique d'apaisement et de concorde.

C'est là le véritable langage d'un chef d'État républicain, et ce document a eu un grand retentissement dans toute la France.

Il traduit la moyenne de l'opinion française et, malgré les attaques de la presse réactionnaire, il a reçu dans le pays l'approbation de tous ceux qui ont foi dans la franchise de M. Carnot.

A deux jours de là, le nouveau Cabinet se présentait devant les Chambres avec une déclaration, dont nous donnons ci-dessous le texte officiel, qui fut lue au Sénat par M. Fallières, garde des sceaux, et, au Palais-Bourbon, par M. Tirard.

« Messieurs les Sénateurs,
« Messieurs les Députés,

« Le cabinet qui a l'honneur de se présenter devant vous n'a d'autre ambition que celle de continuer l'œuvre de concorde et d'entente républicaine commencée dans la journée du 3 décembre.

« Le pays a vu dans cette éclatante manifestation de tous les républicains de l'Assemblée nationale un gage assuré de la paix intérieure à laquelle il aspire, et il s'est pris à espérer qu'aux agitations de la politique allait enfin succéder une ère de repos et de tranquillité indispensable à la reprise des affaires, depuis longtemps languissantes.

« Pour répondre à cette attente, à cette volonté du pays, nous nous occuperons avec ardeur des questions financières, économiques, administratives, sociales et militaires, dont la solution s'impose à la sollicitude du Parlement.

« Dans l'ordre financier, nous continuerons à travailler sans relâche à rétablir l'équilibre budgétaire, momentanément troublé par une longue crise industrielle et agricole qui a sévi sur le monde entier, par l'exécution rapide des travaux nécessaires à notre industrie pour lutter contre la concurrence étrangère, par les dépenses consacrées à l'instruction de la jeunesse française et par les sacrifices que commande la défense du pays.

« De sérieuses économies ont déjà été réalisées; nous nous efforcerons d'en réaliser encore. Pour aider au rétablissement de l'équilibre budgétaire, nous appliquerons avec fermeté les mesures adoptées par nos prédécesseurs en vue de réprimer les fraudes qui lèsent à la fois le Trésor public et le commerce honnête.

« Dans le même ordre d'idées, nous étudierons, avec le vif désir de parvenir à une entente, les réformes financières proposées par la commission du budget. Nous vous demanderons, en outre, de procéder aussi rapidement que possible à la discussion des lois déjà préparées ou en préparation qui intéressent les diverses branches du travail national, notamment : la loi relative à la responsabilité en cas d'accidents dans les ateliers, usines et manufactures; la réglementation du travail des enfants, des filles mineures et des femmes dans les établissements industriels; la caisse de secours et de retraite des ouvriers mineurs; la réforme de la législation sur les faillites; le projet de loi relatif au régime des mines; les lois sur les Sociétés de secours mutuels et les Caisses d'épargne; l'organisation de l'assistance publique dans les campagnes; le développement de l'enseignement agricole; la création de Chambres d'agriculture; l'achèvement du Code rural. Enfin, nous vous demanderons de hâter le vote de l'ensemble de nos lois militaires.

« Tels sont, Messieurs, les travaux auxquels nous prenons la liberté de vous convier plus spécialement. Mais pour accomplir cette œuvre, l'union de tous les républicains est nécessaire.

« Nous sommes heureux de constater la bonne harmonie qui règne entre le gouvernement de la République et les nations étrangères.

« Désireux du maintien de la paix au dehors, nous travaillerons à l'apaisement des esprits à l'intérieur.

« Serviteurs dévoués du pays, nous assurerons sans faiblesse le respect de la Constitution et des lois.

« Nous ne nous dissimulons pas les difficultés de notre tâche; mais pour si grandes qu'elles puissent être, nous accomplirons résolument tous les devoirs que nous impose le souci de la dignité et de la prospérité de la France.

> « *Le président du Conseil,*
>
> « P. TIRARD. »

Cette déclaration était le développement du programme esquissé l'avant-veille dans le Message présidentiel. Elle le rappelait par la modération de la forme et les exhortations à la concorde.

Ajoutons que ce manifeste, quoique rédigé en Conseil des ministres, était dû en grande partie à la plume de M. Tirard; on y retrouve en effet énoncées les principales questions dont l'ancien ministre du Commerce et des Finances, avant tout député d'affaires, semble avoir fait sa spécialité, questions économiques bien plus que politiques.

Au Sénat, la déclaration était accueillie sans enthousiasme, mais avec bienveillance. A la Chambre, l'accueil fait au Président du Conseil était froid, mais il est bon d'ajouter que jamais déclaration ministérielle n'a eu le talent de provoquer des salves d'applaudissements.

La séance se continuait par le vote des douzièmes provisoires demandés par le ministère, et le lendemain les Chambres se prorogeaient jusqu'au 10 janvier 1888. Le ministère Tirard, franchissant sa première étape, allait pouvoir jouir d'un instant de répit et de sécurité provisoire qui lui permettrait d'activer la solution des problèmes financiers, administratifs et sociaux posés à la sollicitude du Parlement par M. le Président de la République.

Nous voici arrivés au bout de notre tâche et nous ne pouvons mieux terminer qu'en empruntant à M. Ernest Leblanc le récit d'une anecdote qui vient à l'appui du témoignage de M. Armand Sylvestre sur les vives sympathies que, malgré sa froideur apparente et son abord sévère, M. Carnot a su se conserver.

« C'était au banquet annuel de l'Association des anciens élèves de l'École Polytechnique.

« M. Sadi Carnot, alors ministre des Finances, avait été, comme on le sait, un des plus brillants élèves de l'École.

« Quand il fit son entrée, la place d'honneur lui fut offerte par le général Frébault, président du Comité.

« Au moment où il s'asseoit, un rideau tombe derrière lui et découvre le buste de son grand-père. Toute l'assemblée se lève et bat des mains. Le

grand-père et le petit-fils sont réunis dans les accla‐
mations des assistants. L’on remarque une grande
ressemblance dans les traits du ministre et de l’il‐
lustre conventionnel.

« Et si la France venait à être contrainte de tirer
l’épée, ne serait-il pas de bon augure ce nom de
Carnot, ce nom de victoire ?

« Et puisse, pour le bonheur de la France et la
gloire de la République, la ressemblance intellectuelle
et morale s’ajouter à la ressemblance physique. »

NOTES

NOTE I

Introduction. — *Les Carnot.*

M. Charles Floquet adressa la lettre suivante au directeur du *Siècle*, qui avait pris l'initiative d'une statue à élever sur une des places de Paris, à Carnot, grand-père du Président de la République.

Paris, le 14 décembre 1887.

Monsieur le Directeur,

J'approuve de tout cœur l'initiative que vous venez de prendre en proposant d'élever un monument à Carnot. C'est un acte de justice historique.

C'est un hommage au représentant du peuple, qui reste comme une incarnation de la défense nationale, à l'héroïsme toujours égal de notre armée, à l'esprit de la Révolution qui l'a si puissamment organisée et dirigée, à la République qui a sauvé la France et l'avait agrandie.

Je vous envoie ma souscription.

Agréez, Monsieur le Directeur, l'assurance de mes meilleurs sentiments.

CHARLES FLOQUET.

NOTE II.

Voici le résumé des lois découvertes par Sadi Carnot :

L'importance de l'écart des températures dans les machines aéro-thermiques avait depuis longtemps frappé les physiciens. Dans un ouvrage publié en 1824, et qui resta presque ignoré jusqu'au moment où les recherches modernes le rendirent célèbre, Sadi Carnot comparait les machines thermiques aux machines hydrauliques : la puissance disponible dans une machine à feu est proportionnelle à la quantité de chaleur qui la traverse et à la *chute de température*, comme dans une machine hydraudraulique, la puissance disponible est proportionnelle à la fois au poids de l'eau débitée par l'appareil et à la hauteur de la chute. Il importait donc, dans les récepteurs thermiques, d'éviter les pertes de chute de température, comme dans les récepteurs hydrauliques on doit éviter les pertes de charge.

Il était donc conduit à énoncer que dans une machine théoriquement parfaite, quel que soit le corps intermédiaire qui sert de véhicule à la chaleur, vapeur, gaz, solide ou liquide, le rendement, c'est-à-dire le rapport entre le travail produit et la quantité de chaleur qui traverse la machine, est toujours le même entre deux températures données.

Cette proposition capitale constitue aujourd'hui un des principes fondamentaux de la thermodynamique.

Sadi Carnot a étudié spécialement un cycle qui évite complétement les pertes de travail et de chute de température. Dans ce cycle qui a reçu, du reste, le nom de son auteur, et est connu sous le nom de *cycle Carnot*, la chute de température est représentée par la différence entre les températures que possède le gaz, lorsqu'il est en contact successivement avec le réfrigérant et avec le foyer.

Sadi Carnot l'avait énoncé en partant des idées reçues de son temps sur la nature de la chaleur. Mais depuis les découvertes récentes et les travaux d'éminents physiciens, cette proposition a été développée, adaptée au principe de l'équivalence du travail et de la chaleur.

Sadi Carnot supposait une machine théoriquement parfaite.

Tous les corps changent de volume sous l'action des pressions extérieures et des variations de température.

Soit donc un corps quelconque élastique et dilatable, par exemple un gaz, contenu dans un cylindre fermé par un piston mobile. La pression de ce gaz sur le piston est équilibrée par l'action d'une force qu'il s'agit de surmonter. Pour produire le travail voulu, il faudra faire varier la température et la tension du gaz renfermé. Si, comme dans la majeure partie des cas de la pratique, l'effort à exercer est périodique, il faudra qu'au bout de chaque période, après avoir passé par des alternatives d'augmentation et d'abaissement de tension et de température, le gaz revienne à la tension et à la température, et par conséquent au volume qu'il avait au commencement de cette période. On dit alors que le gaz a parcouru un *cycle fermé*.

NOTE III

CHAPITRE IV. — *Au Parlement.*

Voici en quels termes le Président de la République a donné, comme l'exige la loi, sa démission de membre du Conseil général de la Côte-d'Or :

PRÉSIDENCE
     de la
RÉPUBLIQUE

—

MONSIEUR LE PRÉSIDENT,

En exécution de la loi du 10-29 août 1871, j'ai l'honneur de vous adresser ma démission de conseiller général de la Côte-d'Or, en vous priant d'en donner avis à M. le préfet du département.

Veuillez être, auprès de mes collègues, l'interprète de mes affectueux sentiments et dites-leur que je ne perdrai jamais le souvenir de nos cordiales relations.

Agréez, pour vous-même, monsieur le président, la nouvelle assurance de vieille amitié.

S. CARNOT.

NOTE IV

CHAPITRE VIII. — *Le Congrès de Versailles.*

Nous croyons utile de donner sur les concurrents de M. Carnot à la présidence quelques notes biographiques succinctes.

M. JULES FERRY

M. Jules Ferry est né à Saint-Dié le 5 avril 1832.

Il a donc cinquante-cinq ans aujourd'hui. Il vint faire son droit à Paris, et se fit inscrire à l'ordre des avocats. Mais la renommée était trop lente à venir, et son éloquence faite plutôt de clarté, de finesse, et incapable de grands élans, ne pouvait tout au plus que lui assurer une place honorable dans les rangs des avocats d'affaires.

Il se tourna donc vers le journalisme, où il croyait trouver un débouché à ses ambitieuses visées.

D'abord rédacteur à la *Gazette des tribunaux*, ensuite au *Courrier de Paris*, il entrait bientôt au *Temps*, où il fournit des articles remarqués.

En 1863 il se porta comme candidat dans la cinquième circonscription de Paris. L'ambition le poussait. Il n'avait pas encore trente et un ans, mais il dut se retirer devant Garnier-Pagès.

A ce moment l'affaire des *Treize*, où il fut compromis, attira l'attention publique sur sa personnalité.

La publication des *Comptes fantastiques d'Haussmann* eut un vif succès d'esprit. Il est vrai que depuis, des esprits curieux lui ont refusé la paternité du titre, qui, seul, fit toute la fortune de l'ouvrage ! Quoi qu'il en soit, il en profita, et au scrutin de ballottage, il fut nommé député de la Seine par 15.000 voix, contre Guéroult et Cochin. Peu avant la chute de l'Empire, il se faisait condamner à 12,000 francs d'amende pour avoir publié dans l'*Électeur* un article intitulé : « Les grandes manœuvres électorales. »

Le 4 septembre arriva, et, comme député de Paris, il fit partie du Gouvernement de la défense nationale où il remplit les fonctions de secrétaire.

L'histoire dira s'il fut à la hauteur de sa mission.

Le peuple de Paris lui a donné le surnom de Ferry-Famine, en souvenir de sa mauvaise répartition des subsistances, comme délégué à la Préfecture de la Seine.

Au 31 octobre, ce fut lui qui à la tête d'un bataillon de la garde nationale vint « délivrer » ses collègues de la Défense que les insurgés tenaient prisonniers à l'Hôtel de Ville.

Le département des Vosges, par 23,000 voix, le nomma député aux élections à l'Assemblée nationale de février 1871.

Il ne quitta pas Paris et le 18 mars l'y trouva.

Il essaya vainement d'organiser la résistance, et il fut contraint de filer en toute hâte sur Versailles.

Après la chute de la Commune, M. Thiers le réintégra dans ses fonctions de Préfet de la Seine, fonctions qu'il garda jusqu'à son remplacement par M. Léon Say.

Comme compensation, on lui donna l'ambassade d'Athènes.

Mais le 24 mai survint. Il donna sa démission et reprit son poste de Député.

Son rôle comme homme politique est trop présent dans les mémoires pour que nous croyions nécessaire de le rappeler.

Plusieurs fois ministre, ce fut lui qui organisa les expéditions de Tunisie, du Tonkin et de Madagarcar.

En butte aux attaques des journaux avancés, qui lui reprochaient l'amitié de Bismarck, il tomba du ministère à la nouvelle de l'évacuation de Lang-Son.

Depuis, il attendait dans la coulisse parlementaire le moment de rentrer en scène et jugea sans doute l'occasion favorable.

L'homme au physique chez M. Jules Ferry répond à l'homme au moral : un esprit clair et une ténacité de paysan lorrain.

De cette race tenace du Vosgien, il a la grandeur de de la taille, pas d'obésité, « muscles et chair ». Il n'est pas de figure qui ait été aussi souvent caricaturée et tout le monde connaît ce long nez, ce nez des ambitieux, courbé, tortu, et ces favoris, poivre et sel, qui lui donnent, pour le vulgaire, l'aspect d'un domestique de bonne maison.

Jules Ferry, en 1876, a épousé civilement mademoiselle Risler, une des petites-filles de Kestner, un des représentants du Haut-Rhin en 1848, un des républicains frappés par l'empire en 1851, et l'un des plus grands fabricants de produits chimiques du monde entier.

Ce mariage, qui fit hurler tout le monde clérical et réactionnaire, le faisait entrer dans cette grande famille alsacienne et patriote dont presque toutes les filles ont épousé des hommes politiques et il devenait ainsi le neveu de Charras, de Chauffour, du sénateur Scheurer-Kestner, du député Charles Floquet, et le cousin de Marcelin Pelet.

Monsieur Jules Ferry est un des hommes les moins populaires du parti républicain.

S'il en avait encore douté, il en a eu la preuve aux derniers événements du Congrès.

M. DE FREYCINET

M. de Freycinet est né à Foix, le 14 novembre 1828, d'une famille originaire du Dauphiné.

Après de brillants examens d'entrée à l'École polytechnique, il en sortait le quatrième en 1848, dans le corps des mines, et recevait cette année même de nombreuses missions du Gouvernement.

Il débuta comme ingénieur des mines à Mont-de-Marsan, et suivant l'échelle hiérarchique, il passa à Chartres et à Bordeaux.

En 1855, la compagnie des chemins de fer du Midi le nommait son chef d'exploitation.

Ingénieur ordinaire de première classe, il se porta aux élections du Conseil général de Tarn-et-Garonne. Il fut élu comme candidat officiel.

Au 4 septembre il fut nommé préfet de Tarn-et-Garonne. M. de Freycinet avait pris le vent.

M. Gambetta, qui venait d'arriver à Tours pour organiser la défense, appela près de lui M. de Freycinet et le nomma son délégué à la guerre.

Dans son livre, *La Guerre en province*, qui souleva de nombreuses controverses dans le monde militaire, M. de Freycinet rapporte à lui tout l'honneur de la résistance en province.

La paix conclue, M. de Freycinet rentre dans l'ombre pour reparaître le 30 janvier 1876, briguer les suffrages des électeurs sénatoriaux de la Seine. Il fut nommé le premier et prit place dans les rangs de la gauche républicaine.

La Commission de la Loi sur l'administration de l'armée le choisissait comme son rapporteur et le Sénat en deuxième lecture adoptait ses conclusions sans modifications essentielles, à l'unanimité moins *une* voix.

Quand vint l'Ordre moral, il vota contre la dissolution de la Chambre demandée par le cabinet de Broglie. M. Dufaure lui donna dans le cabinet du 14 décembre le portefeuille des travaux publics.

Dans la session suivante, M. de Freycinet poursuivait la réalisation de son plan gigantesque de réorganisation des canaux.

La dépense était de quatre milliards.

Quand M. Grévy succéda au maréchal de Mac-Mahon,

M. de Freycinet conserva son portefeuille dans le cabinet Wadington (4 février 1879).

On se rappelle que dans la discussion des lois minières et de l'établissement des tramways, il obtint l'assentiment du Sénat, malgré les conclusions de la Commission.

Depuis il a été deux fois président du Conseil et on n'a pas oublié qu'à son dernier passage au ministère, où il dirigeait les affaires étrangères, il tomba sur la question Egyptienne.

M. de Freycinet a une grande réputation d'habileté et d'ambition.

Il a aujourd'hui soixante ans.

Sa parole élégante et précise se laisse écouter avec plaisir.

En novembre 1885, il faillit être victime d'une tentative dirigée sur sa personne, par un corse nommé Mariotti, que des malheurs avaient rendu fou et qui espérait ainsi émouvoir l'opinion publique et venger plus sûrement sa fille morte à la suite d'un enlèvement à Panama.

M. de Freycinet est petit, maigre. L'abord est froid, les traits sont fins, mais d'une mobilité extrême. Ses cheveux et sa barbe qu'il porte très blancs ont contribué à lui donner le surnom de *Souris Blanche* sous lequel il est connu dans le monde parlementaire.

Voici quelle serait l'origine de cette appellation. Une dame, assistant pour la première fois à une séance de la Chambre, se faisait nommer les députés qui attiraient son attention.

Elle en avait déjà désigné plusieurs, quand elle s'écria :

— Et celui-ci, avec sa tête de *souris blanche* ?

Le propos fut rapporté dans un journal et eut le succès qu'on sait.

Nul n'ignore qu'un article concordataire porte que le chef de l'État français doit être de religion catholique.

Des journaux ont prétendu qu'en prévision de son élection par le Congrès, M. de Freycinet aurait abjuré la religion protestante pour se convertir au catholicisme. Si c'était vrai, ce ne serait pas de nature à dissiper le renom d'habileté qu'il a dans le monde parlementaire.

Pendant le Congrès, on se montrait dans les couloirs du palais, et non sans une petite pointe de gaieté, les doubles bulletins qu'il faisait distribuer. Les uns disaient Freycinet tout court et étaient destinés à ses amis des gauches. Les autres portaient *de Freycinet*, pour les membres de droite.

LE GÉNÉRAL SAUSSIER

Le général Félix-Gustave Saussier est né à Troyes, le 16 janvier 1828. Il appartient à une vieille famille républicaine. Après de bonnes études à Paris, il entra à Saint-Cyr, y fut sous-officier et en sortit sous-lieutenant dans la légion étrangère. C'est avec ce beau régiment qu'il fit les campagnes d'Afrique, de Crimée, d'Italie et du Mexique, où il fut blessé plusieurs fois, et où maintes fois son nom fut cité à l'ordre de l'armée.

« Les combats n'empêchent pas l'étude », a dit le

général Ambert, dans sa biographie du gouverneur de Paris. Le jeune officier entreprit des travaux topographiques en Algérie qui lui valurent des félicitations officielles.

En 1854, il partit pour la Crimée, où, dès son arrivée, il se signalait par sa bravoure extraordinaire. Il y gagnait la croix et les épaulettes de capitaine.

Nous le retrouvons en Kabylie, en Italie, au Mexique, où il donna toute la mesure de sa valeur.

Tous les historiens de la campagne ont cité sa marche rapide de Satillo à Monterey. Vingt-quatre lieues en vingt-sept heures ! Rapidité qui eut des résultats considérables.

Major de tranchée au siège d'Oaxaca, il obtient la croix d'officier de la Légion d'honneur, pour l'action d'éclat que nous reproduisons d'après son historiographe.

« Le conseil de guerre réuni, une fois les travaux d'approche terminés, se consulta pour savoir s'il fallait tenter l'assaut sur un bastion désigné sous le nom de la *Lanterne*, à cause d'une lanterne qui servait de signal aux Mexicains.

« Saussier prétend qu'il n'y avait plus personne à ce bastion et qu'il fallait s'y jeter immédiatement. Ne pouvant faire prévaloir son opinion, il sort sans bruit de la salle des délibérations, va enjamber sa tranchée, se rend seul au bastion de la *Lanterne* qui, heureusement pour lui, était évacué selon ses prévisions, coupe avec son sabre la corde qui retenait le signal de l'ennemi, et revient avec son trophée qu'il dépose sur la table autour de laquelle le conseil était assemblé, en disant : — Voilà la preuve que le bastion est abandonné. »

A son retour du Mexique, il était nommé lieutenant-colonel, et quittait sa légion étrangère pour venir tenir garnison en France. Tous ses loisirs étaient consacrés à l'étude des questions militaires. Car, esprit prévoyant, il voyait grandir la puissance militaire de la Prusse.

En 1869, il était promu colonel, et, au commencement de la guerre franco-allemande, son régiment faisait partie de l'armée de Metz.

Le 14 août, à la bataille de Borny, son régiment soutenait pendant trois heures les attaques acharnées de l'ennemi. Dans toutes les batailles sous Metz, le 41e se faisait remarquer et, à Saint-Privat, il obtint les honneurs de l'ordre général de l'armée, pour une vigoureuse charge à la baïonnette qui parvenait, de ce côté, à arrêter la marche des Prussiens.

Le matin de la capitulation de Metz, il remit, au nom des officiers de son régiment, une protestation au maréchal Lebœuf. Il n'en fut pas tenu compte et les officiers furent conduits sous escorte à Cologne.

Il refusa de signer le *revers* et fut alors emprisonné à Graudeny sur la Vistule, n'ayant qu'une heure par jour pour respirer l'air extérieur, sous l'œil des factionnaires prêts à faire feu.

Après un mois et demi de cette pénible captivité, il parvint à s'évader et à gagner la France ou le gouvernement de la Défense nationale le nomma général de brigade et commandant de l'armée du Havre.

Mais l'insurrection algérienne venait de se déclarer.

Aussi, le général Saussier fut désigné. Sa connaissance des lieux, sa folle bravoure, sa rare énergie y étaient nécessaires.

En 1878, il recevait les étoiles de divisionnaire et quelques mois plus tard il était appelé au commandement du 19ᵉ corps et prenait une glorieuse part à l'expédition de Tunisie. Il le quitta pour venir prendre possession du gouvernement militaire de Paris.

Le général Saussier est grand-croix de la Légion d'honneur et décoré de la médaille militaire, la plus haute distinction que puisse recevoir un général.

Le général Saussier est grand. Sa physionomie bien connue avec ses longues moustaches cirées à la hongroise, a un cachet de gravité mélancolique. Le regard est profond et pénétrant.

On sait qu'en cas de guerre, le général Saussier, prendrait le commandement en chef des armées françaises.

Les droitiers du Congrès avaient cru compromettre le général Saussier en portant leurs voix sur lui pour la présidence de la République. Il obtint 148 suffrages, quoiqu'il eût déclaré par une lettre à M. G. Thompson, directeur du *National*, rendue publique, qu'il refusait la candidature que lui offraient des républicains, ses amis politiques.

Un des organes autorisés du parti monarchiste trouve bon de prétendre que la droite avait, par cette manifestation, voulu rendre un éclatant hommage à l'armée.

LE GÉNÉRAL APPERT

M. le général Appert, divisionnaire, fut nommé ambassadeur de France en Russie où il devint l'ami personnel du tzar. Nous ne ferons pas ici sa biographie, le petit nombre de voix bonapartistes qu'il réunit au Congrès, n'en ayant jamais fait, au sens réel du mot, un concurrent pour M. Carnot.

NOTE V

CHAPITRE XI, — *M. Carnot et l'opinion.*

Voici en quels termes le *Journal officiel* enregistra la retraite de M. Jules Grévy et l'élection de M. Sadi Carnot :

« M. Jules Grévy a adressé hier à MM. les présidents du Sénat et de la Chambre des députés sa démission de Président de la République française.

« Les Chambres ont donné acte de la démission et se sont réunies aujourd'hui, à deux heures, à Versailles, en Assemblée nationale, à l'effet de nommer un nouveau président de la République.

« M. Sadi Carnot, député, a été élu Président de la République, par 616 voix sur 827 votants.

« Après la proclamation du vote, le conseil des ministres a porté à M. Sadi Carnot le procès-verbal de la séance constatant sa nomination. »

NOTE VI

Quatre élections présidentielles ont précédé celle du 3 décembre 1887 :

1° Le 17 février 1871, M. Thiers était nommé par l'Assemblée de Bordeaux, à la presque unanimité, chef du pouvoir exécutif, titre transformé, le 31 août de la même année, en celui de Président de la République française, par 480 voix contre 93.

2° Le 24 mai 1873, le maréchal de Mac-Mahon fut élu par 390 voix sur 392 votants, en remplacement de M. Thiers, démissionnaire.

3° Le 30 janvier 1879, M. Jules Grévy avait obtenu 563 voix, le général Chanzy 93 ; on avait compté 173 abstentions ou absences et 51 bulletins blancs.

4° Le 28 décembre 1885, il y avait eu 589 votants ; M. Jules Grévy avait obtenu 457 suffrages, M. Henri Brisson 68, M. de Freycinet 14 ; on avait compté 13 bulletins blancs.

NOTE VII

Le premier décret signé du nouveau Président de la République parut le 8 décembre 1887 au *Journal officiel*. Il portait la simple signature CARNOT tout court, et il avait pour objet la convocation des électeurs du canton de Saint-Savin (Gironde) pour la nomination d'un conseiller général.

NOTE VIII

CHAPITRE XII. — *Le cabinet Tirard.*

M. de Mahy ne devait conserver que peu de jours le portefeuille de la marine.

Ayant voulu supprimer le sous-secrétariat d'État des colonies, il rencontra chez la fraction opportuniste de la Chambre de telles résistances, qu'il préféra se démettre de ses fonctions ; ne voulant pas céder, il démissionna.

Un décret paru à l'*Officiel* le 6 janvier 1888, nommait M. le vice-amiral Krantz, ministre de la Marine en remplacement de M. de Mahy.

Un second décret reconstituait le sous-secrétariat d'État des colonies. Le titulaire de ce sous-portefeuille était M. Félix Faure, député de la Seine-Inférieure, qui avait déjà occupé une fonction analogue.

L'amiral Krantz, est âgé de soixante-six ans.

Né à Arches (Vosges), le 29 décembre 1821, entré au service maritime en 1837, aspirant en 1843, enseigne en 1847, lieutenant de vaisseau en 1848, il fut promu capitaine de frégate le 4 mars 1861 et capitaine de vaisseau le 6 avril 1867.

En 1869, il commanda le vaisseau-école de canonnage le *Louis XIV*, sur lequel il dirigea de remarquables études de tir.

Nommé, le 15 septembre 1870, commandant du fort d'Ivry, il prit une part énergique à la défense de Paris.

Successivement chef de cabinet de l'amiral-ministre Pothuau et directeur des mouvements de la flotte, M. Krantz, nommé contre-amiral en 1871, quitta le ministère de la rue Royale après le renversement de M. Thiers (24 mai 1873).

Le 20 octobre de la même année, nommé commandant en chef de la division navale des mers de Chine et du Japon, il remplit également, par intérim, les fonctions de gouverneur de la Cochinchine.

De retour en France, M. Krantz devint directeur des travaux de la marine.

Promu vice-amiral en 1877, il rentra, en décembre, au ministère de la marine, comme chef de cabinet et chef d'État-Major de son maître et ami Pothuau.

Depuis cette époque, il a exercé plusieurs commandements actifs. En dernier lieu, il était préfet maritime de Toulon.

Le vice-amiral Krantz est le frère du sénateur centre-gauche du même nom, qui fut commissaire général de l'Exposition de 1878.

FIN

TABLES

TABLE DES MATIÈRES

CHAPITRE XI. — *Le Cabinet Tirard.*

FIN DE LA TABLE DES MATIÈRES

TABLE DES GRAVURES

FIN DE LA TABLE DES GRAVURES

Paris. — Charles UNSINGER, imprimeur, 83, rue du Bac.

LE PANTHÉON RÉPUBLICAIN

Par O. MONTPROFIT et FRANCIS ENNE

Anciens rédacteurs de *la Marseillaise*, du *Radical*, des *Droits de l'homme*, du *Peuple*, etc.

25 CENTIMES LA LIVRAISON IN-FOLIO, TEXTE ET PORTRAIT

ÉDITION DE LUXE

Il paraît aussi en séries de **5** livraisons et **5** grands portraits. Prix : . . . . **1** fr. **25**.

L'ouvrage complet, **100** livraisons à **25** centimes, soit **25** francs. Il est orné de **100 grands et beaux portraits** presque **grandeur naturelle** avec belle reliure . . . **32** francs.

ROMANS

Les Enfants du père Duchêne, grand drame sous la Commune de Paris. Par Jules BEAUJOINT. Orné de 20 gravures. Prix. . . . . **2** fr. **10**

Le Cabaret de la Californie ou *l'Assassinat du garçon de recettes*. Par Jules BEAUJOINT. In-4° orné de gravures. Prix. **1** fr. **20**

L'Estaminet de la rue Saint-Éloi. Par E. CHENU. In-4° orné de gravures. Prix. . . . . **1** fr. **40**

Cœur d'acier. Par SOL. In-4° orné de gravures. Prix. **80** cent.

Les Amours insensées. Par J. BOULABERT. In-4° orné de gravures. Prix. . . . . **80** cent.

Les Caroubleurs. Par J. BOULABERT. In-4° orné de gravures. Prix . . . . **80** cent.

Mémoires de Poncet, sa vie, sa condamnation, ses aventures, son évasion, son exécution. In-4° avec gravures. Prix. **2** fr. **50**

Les Frères Cardinet. Par J. BEAUJOINT. In-4° avec gravures. Prix. . . . . **75** cent.

La Belle aux cheveux roux. Par Jules BEAUJOINT. In-4° avec gravures. Prix. . . . . **60** cent.

Philippe l'assassin. Sa vie, son procès, sa mort. Par SOL. In-4° avec gravures. Prix . . . . **1** fr. **50**

www.ingramcontent.com/pod-product-compliance
Ingram Content Group UK Ltd.
Pitfield, Milton Keynes, MK11 3LW, UK
UKHW021917070726
13614UKWH00001B/86